自分のファンを増やす！
営業が楽しくなる！

信頼される
渉外担当者
になる
極意

一般社団法人融資コンサルタント協会
東川　仁

近代セールス社

●はじめに

リージョナルバンカー（金融マン）としての「使命」と「誇り」

私は、金融機関の渉外担当者には、持っておくべきものが2つあると考えています。

1つは「使命」。もう1つは「誇り」です。

金融機関行職員としての「使命」とは、「いざというときにお客様の役に立てるか」ということ。「誇り」とは、「いざというときにお客様の役に立てる力を持っているか」だと思います。

この「使命」と「誇り」が明確であればあるほど、真にお客様に「頼りにされる」「喜んでもらえる」存在になり、どんなお客様とも一生ものの関係を作ることができるはずです。

ここで、私が仕事をするうえでの「原点」となったエピソードを話したいと思います。このときの想いがあるからこそ、今も「できるだけ多くの人の役に立ちたい」と思って活動することができています。

阪神淡路大震災のときの話です。

当時、まだ私は金融機関に勤めていました。毎日預金を集めたり、融資をしたりという仕事に対し、やりがいを感じなくなり、このままでいいのかと悩んでいるような状況でした。

そんなときに阪神淡路大震災が起きたのです。

テレビで神戸の悲惨な状況を観ながら、金融機関というのはこんな時には何の役にも立たないと悔しい思いをしました。

そしてその度に「何かできないか」とずっと考えていました。

その週末、本部から「ボランティアの募集」という話があり、私はすぐに参加することにしました。救援物資を被災地にバイクで届けるとともに、現地で小銭を配ったり、お金を貸したりといった仕事でした。

震災直後は、着の身着のまま、パジャマで投げ出された人がほとんどでした。親類縁者に無事を伝えようにも、助けを求めようにも、連絡手段がありません。当時は携帯電話を持っている人が少なかったので、もっぱら連絡手段は公衆電話となります。

しかし、その公衆電話を使うための小銭を持っていない——。その方たちが、親類縁者に連絡をするために必要な小銭を配っていたのです。

10円玉が50枚まとまった筒を、あちこちで野宿している人たちに配っていくという仕事でした。

はじめは、警戒してなかなか受け取ってもらえませんでした。

それはそうですよね。いきなり、知らないにいちゃんが来て「おっちゃん、このお金使って」と言って渡されても、受け取りますか？

「なんやこの人、頭おかしいんちゃうか」と思うのが当たり前です。なぜ小銭を配っているのか理解してもらうために、細かい説明を一人ひとりにしていきました。

お金を貸したり集めたりするのに苦労することは経験上分かっていましたが、お金を配るのにあんなに苦労するとは思ってもみませんでした。

その次に行った仕事が、「資金を必要としている被災者に対して、お金を貸すこと」でした。幸い、神戸市内にあった支店は、何とか使用する程度には倒壊を免れたので、ここでお金を貸していました。

その貸し方ですが、5万円を上限に「住所」と「名前」と「何に使うのか」だけを聞いて、大丈夫だなと思った方には、借用書にサインと拇印をもらい、現金を渡していました。

信じられないでしょう。当然、返済するという意思のある方にだけ現金を渡していました。

着の身着のままで投げ出された方ばかりですから、実印や免許証を携帯しているはずがありません。自分が誰かということを証明する手段を持っていないのです。

パジャマから普段着に着替えるためにはお金がいる。

親戚の家まで訪ねていって当面のお金を貸してもらうためには、その交通費がいる。本当なら、電話して持ってきてもらえばよいのですが、親戚の家の電話番号なんか覚えていませんよね。

それに、来てもらうにしても、どこに来てもらえばよいか説明できないのです。地震で街並みが変わっていて、目印となる建物もありませんから、自分が行くしか方法がないのです。

そんな方たちに、当面必要なお金をお貸しすることが重要だと考え、「そのお金が返ってこなくとも仕方がない」という開き直りをもってお金を貸しました。

もちろん、お客様から預かった預金でそんな貸し方をするわけにはいけませんから、そのためのお金として寄付を募りました。すると、多くの方が浄財を出してくださり、約1週間で3億円ほど集まりました。

その浄財を元に500円を配ったり、5万円（上限）を貸したりしたのです。

「あの信用組合に行ったら、名前と住所を言うだけで5万円貸してくれるで」という噂を聞いて、多くの被災者がやってきます。人手が足りず、私も融資担当として窓口で応対しました。

そこには、いろんな方がやってきます。

「福岡の親戚にお金を借りに行きたいので、その分の交通費を貸してください」という方もいれば、「同じ服をもう1週間も着続けているので、着替えを買いたいのです」という方もいらっしゃいました。

一方で、明かに震災前からホームレスだったと分かる方が、酔っ払いながら「ここにきたら5万円配ってるって聞いたんやけども。5万円ちょうだい」って来たことも。この人に貸したら絶対返ってこないなと思いましたので、早々に帰っていただきましたが……。

私たちもプロですから、本当にお金を必要としているのか、それとも都合よくだましてやろうと考えているのかは、話を聞けば分かります。

そうして、お金を必要としている方にどんどん貸していったのです。

その中でのエピソードです。

60歳ぐらいの女性が「すみません。こちらでお金を貸していただけるとお聞きしたのですが」と窓口にいらっしゃったので、担当者は「何にお使いになられるのかお聞かせいただけますでしょうか」と聞きました。

おそらく、金融機関でお金を借りるという経験をしたことがない方なのでしょう。どう言えばいいのか、迷いながら言いづらそうにしていました。

そんなときは、こちらが急かせば心を閉ざしてしまうと、それまでの経験から分かっていましたので、担当者はそのまま黙って待っていました。

すると、一言「ドライアイスを買いたいのです」と。

「え？　ドライアイスですか。差し支えなければ、何のために必要なのか教えていただけますでしょうか」

「実は、今回の地震で家が倒壊してしまい、夫はその下敷きになって亡くなってしまいました。なんとか、遺体を掘り出すことができたのですが、まだ周りも大変混乱していて、その遺体をどうすることもできません。このままおいておけば、どんどん腐ってしまいます。なんとか、ちゃんとお見送りできるようになるまで、遺体が腐らないようにドライアイスを買いたいのです」と泣きながら話されました。

その担当者は、冷静に話を聞かなければいけない立場であったにもかかわらず、涙がボロボロとこぼれるのを止めることができませんでした。

上司に報告し、すぐお金を渡しました。それを受け取った女性が何度も何度もお礼を言いながら出て行った姿が今でも目に浮かびます。

その光景を目の当たりにした私は、初めて「人の役に立つ」という意味を知ったような気がします。

私の勤めていた信用組合の理事長は、「金融機関だからこそ、被災者に提供できることがある」と言って、500円の配布と5万円の融資を決めたのだと聞きました。

普通、金融マンなら戻ってこない可能性の高いお金を貸すなんてことは思いつきません。私は、金融機関だからといって何もできないのではなく、金融機関だからこその使命があるということをこのときに知ったのです。そして、この仕事に対する誇りも感じることができたのです。

人に喜んでもらうためには、人がやってほしいことをやるだけではいけない。人が思ってもみないことを提供できてはじめて、喜んでもらえる、人に役立てるということに気付きました。

「どんな仕事にも使命があり、その使命を果たすことが誇りにつながる」ということも知りました。

そのために、「気配り」や「目配り」「心配り」がどれだけ大事なのかということを、あの震災の現場が教えてくれたのです。

ちなみに、そのときに貸した3億円がどれだけ返ってきたと思いますか？　実は、97%が返ってきたのです。その結果を聞いたとき、人に対する「想い」というのは必ず伝わるものだと感涙しました。

「使命」と「誇り」。

初心を忘れたときに思い出すようにしています。

今回のコロナショックで、多くの中小企業が資金繰りに困りました。

そうした場面で、渉外担当者としての「使命」や「誇り」を持って行動することができたでしょうか？

金融機関に求められているものは、とても大きいものだと皆様もコロナショックの経験で感じたと思います。今後、渉外担当者として活動していくうえで、この本が参考になれば幸いに存じます。

一般社団法人融資コンサルタント協会　東川　仁

信頼される渉外担当者になる極意

目次

◉はじめに　リージョナルバンカー（金融マン）としての「使命」と「誇り」……1

第1章　目標に対する考え方と取組み

1　営業を成功させる7つのプロセス……20

2　目標をクリアするための戦略を立てる……29

第2章 新規開拓で成果を上げる

3 新規開拓の見込み客をどう発掘するか……38
4 新規開拓の基本ルール……43
5 1回目の面談は挨拶のみに徹する……50
6 行きたくないお客様にこそ足繁く通う……54
7 「紹介による営業」を積極的に活用する……60
8 「紹介」をお願いする先を工夫する……66
9 「攻めやすい新規顧客リスト」を作成する……71
10 「断られる理由」を集め対処法を考える……77

第3章 お客様との会話のスキルを上げる

11 訪問先での話法のコツ……84

12 新規先での会話のネタを見つける …… 90
13 会話のシナリオを作る …… 93
14 聞き上手になってお客様のニーズをつかむ …… 98
15 コーチングの技術を会話に役立てる …… 100
16 断り文句に対応する …… 102

第4章 お客様のニーズをつかむ

17 情報収集のための準備を行う …… 110
18 アンテナを高くし、お客様のニーズに近付く …… 112
19 ネットワークがアンテナを高くする …… 117

第5章 お客様との関係を築く

20 「気付き」と「行動」でお客様の心をつかむ …… 124

21 「再会力」を磨く……131
22 成果を上げられないのには理由がある……137
23 お客様に貢献する……141
24 「どうやって貢献するか」を事前に考えておく……144
25 お客様との距離を縮めるには……149
26 若い二代目、三代目経営者との関係を築く……153
27 専門家と知り合いになるには……157
28 解約を防ぎ、継続率を高めるお客様との接し方……162

第6章 渉外活動を効率化する

29 訪問時のシミュレーションを行う……170
30 いつ、何をすべきなのかを把握する……177
31 顧客管理を効率化する……182
32 訪問の目的を事前に伝える……188

第7章　昨日より成長した自分になるために

33　成功者の真似をする……198
34　「営業スキル」に関する知識を身につける……205
35　モチベーションを高く保つ……212

●さいごに　「いま、金融機関の真価が問われている」……217

第1章

目標に対する考え方と取組み

こんな行動をしていませんか?

え〜と この書類は
あの書類も作らないと… 西崎産業への提案も 考えないと…
クレカの契約目標もあるけれど これは忙しすぎて 取り組めそうもないや
そもそも こんなにいろんな目標を 達成できるわけが ないじゃないか
なんでこんなノルマばかり 課せられないと いけないんだよ!
う〜ん…
杉下君 お昼ごはんは 食べたのかい?
先輩 お昼ごはんなんて 食べている暇ないですよ!

やらなくちゃいけないことがいっぱいなんですから！
そのせいで 今期のノルマをこなせそうもないですけど…
杉下君 もしかしてただ闇雲に営業活動を行ってはいないかい？
いえ 毎日しっかり訪問予定を組み立てていますけど…
その予定はいつ立てているんだい？
いつも前日に立てています
え！ 前日!?
えっ ダメなんですか？

01

営業を成功させる7つのプロセス

本書ではこれから、「渉外担当者として成果を上げるためにどう考え、どう動くべきか」について述べていきます。

最初に取り上げるのは、「営業を成功させる7つのプロセス」についてです。

私は、初めて営業に出た頃「自分は営業に向いていない」と思っていました。実際、営業1年目の成績は、全店200名の営業担当者の中で最下位。何をやっても成果が出ず、落ち込み続ける毎日でした。

営業は、その成果が数字ではっきりと表れます。私は「何とかしなくては会社に居場所がなくなる」と思い、あがき続けました。そして、成績を上げている先輩に話を聞きに行ったときに、先輩と私との差は「目標をしっかりと持っているかどうか」であることに気付いたのです。

先輩も私も、金額や件数の差はあれ、同じように目標数字を与えられていましたが、私にとってそれは単なるノルマでした。「どうせ無理だから」と考え、明確な目標と位置付けることをしていなかったのです。それに対し先輩は、「自分の目標としてどう達成していくか」と考え、一定のプロセスに従って行動していました。

悩んでいた私が先輩に教わったのは、次のような「7つのプロセス」を意識して営業活動を行うことでした。

プロセス1　目標設定を具体的に行う
プロセス2　攻略するための方法を考える
プロセス3　正しい現状認識を行う
プロセス4　期限を決めた細かい目標設定を行う
プロセス5　定期的に進捗状況を検証する
プロセス6　うまくいかない原因を見つける
プロセス7　改善策を考える

以下、先輩が、この7つのプロセスを意識するよう私を導いた会話を再現しましょう。

7つのプロセスを認識したことで全店トップの営業成績に

先輩「で、どうしたいの?」
私「営業成績を上げたいのです」
先輩「どれだけの数字になれば成績を上げたことになるの?」
私「与えられている目標は5000万円です。それは何とかクリアしたいと思っています。(→目標設定を具体的に行う)」
先輩「5000万円を達成するために、何をしているの?」
私「お客様にお願いをしています」
先輩「どのお客様に、どれぐらいの金額を、どのようにお願いしているの?」
私「訪問したお客様に対して、『今月のノルマが達成できません。何とかご協力いただけませんか』と言いまくっています」
先輩「お客様の状況も、お客様と君との関係もそれぞれ違うのだから、全員に同じようにお願いしても成果につながらないだろう。それに、『お願い』が効く相手と効かない相手がいるのだから、相手によって攻め方を変えることを考えなければ、いつまでたっても成果が上がらないよ」

私「はい。では、〇〇さんには『お願い』が効くと思いますので、行ってみます。△△さんには、新規融資の提案をして、そこから成果につなげていこうと思います（→攻略するための方法を考える）」

先輩「そう。一人ひとりのお客様について攻略方法を考えることで、より成果を上げやすくなるね。ところで今、どれぐらいの数字になっているの？」

私「えーと、今は…。ちょっと調べてみます」

先輩「自分の今の数字も把握していないのか？　それじゃあ、どれだけ達成していて、あとどれくらい足りないのか分からないじゃないか」

私「はい。（調べてから）分かりました。2000万円ほどになっています（正しい現状認識を行う）」

先輩「それなら、あと3000万円獲得すればいいんだな。で、いつまでに達成すればいいの？」

私　「できるだけ早く達成できれば、その後安心して活動できますので、早ければ早いほどいいですよね」

先輩「抽象的すぎるよ。いっぺんに3000万円なんて成果は上げられないだろう。5000万円の目標はいつまでと言われているの？」

私　「9月の仮決算までです」

先輩「今6月だから、あと3カ月あるね。じゃあ、1カ月でどれぐらい増やせる？」

私　「6月はあと少ししか日数がないので300万円。7月は頑張って1000万円。8月は休みが絡むので600万円。9月はラストスパートで1100万円ってところですね」（→期限を決めた細かい目標設定を行う）」

先輩「そこまで細かい目標を立てることができれば、9月末には何とか達成できるんじゃないかな」

私　「ありがとうございます。これでがんばってみます」

（1カ月後）

先輩「6月は目標300万円って言っていたけど、どれぐらい獲得できた？」

私「まだ集計していないので正確なところは分かりません」

先輩「おいおい。せっかく細かい目標を立てたのに、チェックしなければ、うまく進んでいるか、そうでないのか分からないじゃないか。きちんと定期的にチェックしておかないと、最終的には9月にしわ寄せが来て、結局達成できないということにもなりかねないよ」

私「はい。これから毎月、目標と実績を対比してチェックするようにします（→定期的に進捗状況を検証する）」

先輩「それで、6月はどうなったんだ？」

私「（調べてから）350万円だったので、なんとか達成できたようです。ただ、7月が思ったように獲得できなくて、まだ半分もいっていません」

先輩「え!? 半分もいっていないって、今日は20日だからあまり日が残ってないよ。何で予定通り進んでいないの？」

私「急ぎの融資依頼が立て続けに入ってしまい、そちらをこなすので時間が取られて、思うように営業活動ができなかったんです（→うまくいかない原因を見つける）」

先輩「それをカバーするために、あと10日間どうするの？」

私　「急ぎの融資依頼をいただいた相手にまず、お願いしてみようと思います。それから、先日、近々他行の満期があると聞いたお客様がいるので、そのお客様に提案をしてみようと思います（→改善策を考える）」

先輩　「それはいいと思うけど、融資先に対しては『優越的地位の乱用』にならないよう気をつけてね」

私　「はい。そうします」

私はこのあと、これら7つのプロセスを頭に置いて営業活動に取

図表1　プロセスごとの成果の出る人・出ない人の違い

	成果の出ない人	成果を出せる人	解説
1st プロセス	とにかく営業成績を上げたい	目標5000万円	具体的な目標設定
2nd プロセス	闇雲にお願い	顧客に会わせたセールストーク	攻略するための方法
3rd プロセス	現在の成果を把握していない	目標5000万円 現在2000万円 あと3カ月強で3000万円	正しい現状認識
4th プロセス	9月までのできるだけ早い時期に目標達成したい	6月 3000万円 7月1000万円 8月600万　9月1100万	期限を決めた細かい目標設定
5th プロセス	毎月の目標・実績対比チェックを行っていない	毎月、目標・実績対比チェックを行っている	定期的な進捗状況の検証
6th プロセス	成果が上がらない原因が分かっていない	成果が上がらない原因が何か把握できている	うまくいかない原因の発見
7th プロセス	今までと同じ営業活動の継続	現状を踏まえて、可能な営業活動を考え実行	改善策の立案

り組み、結果、仮決算では目標を大幅に達成することができました。

さらに6カ月後の本決算では、7つのプロセスの精度を高めることで大幅に上げた目標も達成でき、営業担当者200名の中でトップになることができました。

目標を見つめ直すことで行動は絶対に変わる

このときの私のケースを例に、目標について「成功への7つのプロセス」をまとめたのが**図表1**です。これを見ると、それぞれのプロセスでの、成果を出せる人と出せない人の意識の違いがよく分かると思います。

ここで大事なことは、「目標を紙に書き出すこと」です。頭の中で考えているだけでは、ここまで明確な目標設定はできませんし、進捗状況の管理もできません。

私自身、最初に目標達成を成功させた仮決算の後、本決算までの営業活動において、この図表1の「成果を出せる人」の部分をできる限り具体的に作成し毎日チェックしていました。その結果が、営業担当者200名の中でトップになることにつながったのだと思います。

皆さんも、まずはこの図表1にならって、それぞれのプロセスにおける目標を紙に書き出してみてください。自分がこれまで、どれだけ漠然とした目標設定をしていたかが分かるはずです。そのうえで、自分の目標を徹底的に見つめ直します。そうすることで、行動もおのずと変わってきます。

02

目標をクリアするための戦略を立てる

預金・保険・投資信託・融資など、獲得商品ごとに目標が細かく設定される中、その達成のために日々苦闘している担当者は多いことでしょう。どうすれば段取りよく目標を達成できるのか——。皆さんも少なからず悩んでいるのではないでしょうか。

数字の目標を与えられ、それを達成しなければならないというのは大変なことです。私も渉外担当者時代、上司から「今月の定期預金獲得目標は5000万円」などと言われ、成果を上げなければと気ばかりが焦り、闇雲に取引先にお願いした挙句、まったく成果が上がらずに上司に怒られてしまった経験があります。

目標をクリアしていくためには、商品ごとに獲得に向けた戦略が必要です。しかし現実には、当時の私に限らず、目標を与えられたものの戦略も立てず、いきあたりばったりで行動し、思うように獲得ができていないケースが圧倒的に多いのではないでしょうか。

では、目標をクリアするための獲得戦略は、どのように立てればいいのでしょうか。

獲得のキーワードは「3W2H」

戦略を立てるときに考えなければいけないキーワードは5つ。

いつ（WHEN）、だれから（WHO）、何を（WHAT）、どうやって（HOW）、どれだけ（HOW MUCH）獲得していくのかという「3W2H」です。

この5つについて、1先あたり3分かけて考えたとしても、担当先が150先あれば最低450分、すなわち7時間半かかります。

しかも、集中して考える必要があります。片手間で考えても深くまで考えることができないため、結局中途半端な戦略で終わってしまうからです。効率的に成果を上げるためには、忙しい中でも「戦略を立てるためにじっくりと考える1日を作る」ことが必要になります。

お客様のニーズありきで誰に何をすすめるのか考える

①だれから何を獲得するのか？

はじめにすべきことは、「だれから」「何の商品を」獲得していくかについて検討することです。そのためには、「攻略目標一覧表」（**図表2**）を作成する必要があります。「攻略目標一覧表」とは、「獲得したい商品」を、それを本当に必要とする顧客に売ろうとしているのか確認する表のことです。

渉外活動を行うに際し、よく犯しがちな間違いの1つに、「自分が売りたい商品を買ってくれそうなお客様はだれかを考える」ということがあります。

しかし、その商品を必要としていない人には、いくら頑張っても売ることはできません。一番先に考えるべきことは、「お客様が必要とされている商品は何か」と、「お客様にその商品が必要なのはなぜか」です。要するに、お客様のニーズを考えて、それに合う商品をすすめることが大事なのです。

「自分の成果のため」ではなく、「相手の目的をかなえるため」に渉外活動を行うようにすれば、それは「相手目線に立った推進」となるため、お客様からの印象も格段に良

図表2　攻略目標一覧表

	預金	保険	投信	融資
A社	300万 (12/15)	×	×	900万 (10/1)
B社	×	生保 (12/10)	100万 (10/31)	×
C社	×	×	×	500万 (12/28)
D社	500万 (10/25)	?	300万 (12/20)	×
E社	400万 (11/30)	自動車 (11/15)	×	×

×：売るべきでない・売れない商品
？：ニーズがあるか調査が必要な商品

くなります。そのためには、この「攻略目標一覧表」を作成し、「売るべきお客様」と「売るべき商品」を明確化していくのです。

②いつ、どれだけ獲得するのか？

「売るべきお客様」と「売るべき商品」が決まれば、次は「いつ」「どれだけ」売るのかを考えます。「○○という商品を獲得したい」と思っても、お客様と一度話をしただけでは、その商品を買ってもらえないでしょう。複数回の面談が必要となります。

一方で、獲得目標を達成する期間は決まっているため、その期間内で「いつ」獲得するのかをはっきりと決めておかなければ目標達成は難しい。「攻略目標一覧表」に目標獲得期日を記入しておけば、スケジュールが明確になります。

③どうやって獲得するか？

「獲得目標」「獲得予定日」が決まれば、目標をクリアするために、どうアプローチするかを決めます。「お願い」ばかりしても、お客様の心には響きません。

お客様の心に響かせるためには、「その商品を利用するメリット」や「なぜ、この商品があなたに必要なのか」をアピールする必要があります。渉外担当者が「この商品はこんなメリットがあります」と伝えるよりも、「○○さんが欲しいと考えている、ぴったりの商品があります」とすすめたほうが成約の可能性が高くなります。

このように「3W2H」を意識して獲得戦略を立てていけば効率的なアプローチを行えます。

第2章

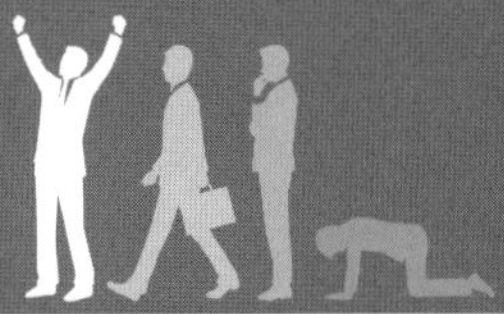

新規開拓で成果を上げる

こんな行動をしていませんか？

はじめまして！
近代銀行の杉下と申します
本日は社長にご挨拶だけでも
させていただきたく
お伺いしました
すみません
社長は本日不在なもので…
そうですか
すみません
失礼いたします
○○商会
はぁ～…
近代銀行

ただいま戻りました
おかえり
杉下くん
先月から新規開拓に
挑戦しているんだよね
成果はどうだい？
それが さっぱりで…
どうやって
いるんだい？
飛込み訪問です
社長にお会いすることが
できたら『融資ニーズは
ありませんか？』と
聞いています
う～ん
それじゃ難しいかもなぁ

03

新規開拓の見込み客をどう発掘するか

Trusted Person

新規開拓は、渉外担当者として避けて通れない業務です。

「既存のお客様と十分なコミュニケーションが取れていない場合は20％のお客様が離れていき、十分なコミュニケーションが取れていたとしても5％のお客様は流出する」――と言われています。絶えず新規のお客様を獲得していかなければ、取引先数はどんどん減少していきます。

しかし、新規のお客様を獲得するのは非常に難しいことも事実。一般的に、新規のお客様の獲得には、既存のお客様を保持するのに比べて5倍～20倍のコスト（時間・手間）がかかるといわれています。

だからこそ、新規開拓ではそのプロセスをきちんと把握し、1つひとつ確実にこなしていく必要があります。

「見込み客発掘」のバリエーションを増やす

新規開拓のプロセスは、

①見込み客の発掘
②1回目の接触
③顧客ニーズの把握
④ニーズに即した提案
⑤「断る理由」の排除
⑥契約

——となります。

このうち、「①見込み客の発掘」が一番難しい部分ですが、以下に挙げるような「見込み客発掘」のバリエーションを知っていれば獲得につながりやすくなります。

(1)飛込み訪問

効率は悪い方法ですが、「既存のお客様の大切さ」を痛切に理解することができると同時に、自らの営業トークを磨く場、お客様のニーズを収集する場ともなります。

(2)既存のお客様の家族を紹介してもらう

お客様からの信頼度が高ければ、比較的簡単に獲得できる方法です。そのためには、同居している家族の情報、近くに住んでいる肉親の情報などを集める必要があります。

紹介をお願いするときは、「お父様に○○（お願いしたい商品の名前）をしてもらえるよう頼んでいただけませんか」と、具体的な商品名や金額を言ったほうが伝えてもらえる確率が高まります。

ただし、このお願いは、くれぐれも信頼関係が築けているお客様だけにしてください。そうでない場合は、「なぜあなたのために私がそこまでしないといけないのか」と不快感を与えてしまいます。

(3)既存のお客様からの紹介

家族以外の友人・知人を紹介してもらう方法です。このときも、あらかじめお客様にどんな知り合いがいるかヒアリングを行っておきます。

無理に紹介してもらうことは難しいので、商品のチラシや自分のプロフィールシート（A4サイズ1枚ぐらいに、自分の人柄が分かるようなエピソードや想い、プロフィールなどを書いたシート）を渡して、「この前おっしゃっていたお友達の□□さんに、このチラシと私のプロフィールをお渡ししていただけませんか？」とお願いしてみてください。

あなたとお客様が良い関係を築けていれば、「○○銀行の担当者がとてもいい人だから紹介するよ」と言って、チラシとプロフィールを渡してくれます。

地域の活動への参加が顧客獲得につながることも

(4) 仕事以外で知り合った人をお客様にする

支店がある地域のコミュニティに参加したり、町内会やイベントの事務局に行ったりすることで、地域に自分という人間を知ってもらい、その人脈から契約につなげていく方法です。

私がある地域金融機関の研修を担当していたとき、受講者の一人から「次々と新規顧客を獲得できている」という話を聞きました。

彼の趣味はバレーボール。渉外活動時に、取引先で「バレーボールをやっていたが、今はどのチームにも属していない。どこかプレーできる場を探している」という話をしたところ、相手から「私はソフトバレーボールのチームで活動しているのだけど、参加者が足りず困っている。よかったら一度参加してみてはどうか」という誘いを受けたそうです。

何回か通っているうちに、彼は正式にそのチームに入ることになりました。チームのメンバーと仲良くなり「仕事は何をしているの？」と聞かれたので、「地元の金融機関に勤めている」と答えたところ、「それなら新規取引してあげよう」との話になりました。それから次々と紹介を受けるようになり、新規のお客様をどんどん獲得できたそうです。

彼はその後、別の支店に異動しても、その地域のコミュニティに積極的に参加して人脈を作り、多くの契約につなげていきました。

見込み先の見つけ方はいろいろありますが、自分に合う方法を選び、プロセスを考え、積極的に行動すれば、必ず新規先の獲得につながります。

04

新規開拓の基本ルール

新規開拓では、「1つの新規先に対して4回訪問する」という基本ルールを決めておくことをおすすめします。

新規開拓は、初回の訪問で取引が始まるケースはほとんどありません。「今、まさに資金繰りに困っている」というような企業であればすぐにでも取引してもらえるでしょうが、そのような先と取引を始めるのはリスクが高いでしょう。

新規開拓を成功させるためには、最短でも4回の訪問が必要です。それは、1回や2回の訪問で取引開始に必要な情報を取得することは不可能だからです。

4回訪問の個別目的とは

アメリカの心理学者ロバート・ザイアンスは、人間の好感度に関する実験を行いました。その結果、「多く見ている顔ほど親近感・好感を持つ」という効果があることを発見。これを「ザイアンス効果」といいます。

このザイアンス効果を発現させ、「信用を得て、細かい話をしてもらえる関係」になるには、少なくとも4回の対面が必要になります。4回対面することができれば、相手もこちらに好意を抱いてくれるようになるからです。

その際に重要なことは、あらかじめ「どうやって4回会うか」という段階的なシナリオを作っておくことです。

1回目の面談目的は「会うこと」、2回目は「相手の記憶に残ること」、3回目は「役立つ情報を提供すること」、4回目は「具体的な内容の話をすること」というように段階を踏むと、4回目には経営者とスムーズな会話ができるようになります。

4回の訪問を通して意識してもらいたいことは「自分の言いたいことばかり話すのではなく、相手の話を聞くこと」です。

営業に対して貪欲になればなるほど、自分の言いたいことばかり話しがちになります。

実は私も、新規開拓をしていたときはなかなか成果が出ませんでした。訪問を重ね、話を聞いてくれるようになった先でも、実際の取引にはつながりません…。

そこで、先輩に相談すると「新規訪問先で実際にどんな話をしているのか、ロールプレイングをしてみろ」と言われ、見てもらうことになりました。

それを見て先輩は、「お前ばかり話しているんだな。いいか、新規開拓で大切なのは、相手との距離を近づけることだ。そのためには、自分が話すのではなく相手に話してもらうことが重要。相手が8、自分が2の割合で会話ができると成果が変わってくるよ」とアドバイスしてくれました。

それ以来、特に新規開拓を行う場合は、「相手の話をよく聞き、情報を集める」ことに努めました。これにより、面談回数を重ねる度に相手の態度が好意的になり、取引につながる確率が高まったのです。

1回目の訪問の目的は「会うこと」ですが、このことについては、次項で詳しく説明します。

2回目の訪問目的は、「相手の記憶に残ること」です。相手の記憶に残るために有効なのが、「いかに相手に気分良く話をしてもらうか」です。

人は、自分の話を聞いてくれる人に対して好意を抱きます。大多数の人は、「話を聞く」よりも「話をする」ほうが好きです。特に中小企業の経営者は「俺の話を聞け」というタイプの人が少なくありません。

しかし、取引先の従業員にしてみれば、同じような話を経営者から何度も聞いています。だから、経営者が話を始めると、「またか」と思い真剣に聞こうとしません。それを経営者も分かっているので、真剣に自分の話を聞いてくれる人に対して好意を感じるのです。その結果、「この担当者は気が合う」と思ってもらえ、覚えてもらえるようになります。

また、相手の話をじっくりと聞くことで、ニーズを大まかにでもつかむことができます。

3回目の訪問目的は、「役立つ情報を提供すること」です。

2回目の訪問でニーズをある程度つかむことができたら、役立つ情報を提供することでこちらに興味を持ってもらうのです。

自行庫の商品・サービスがそのニーズに役立つものなら、それを利用することのメリットを直接アピールできます。一方で、その商品・サービスがニーズにまったく合致しないものなら、それ以外で役立つ情報を提供することで、相手との「縁」が生まれます。そこで取引につながらなくても、新たなお客様を紹介してもらえることもあります。

大切なのは、見込みがないからといって3回目の訪問を怠らないことです。「4回訪問する」という癖をつけないと、諦めが早い営業スタイルになりかねません。そうなると、新規開拓が苦手な担当者になってしまいます。

新規開拓が苦手になってしまうと、営業成績は伸び悩みます。実際、あと一息で取引を始めてもらえるかもしれないのに、その手前で諦めてしまう人は多いのです。「これ以上訪問しても無駄だな」と思ったときに、「もう一回だけ訪問してみよう」と思えるかどうか——これが成果を上げることのできる担当者になれるかどうかの分岐点になります。

そして、4回目の訪問では、「具体的な内容の話を進めること」を目的としてください。

「ターゲット攻略リスト」でキーとなる情報を管理する

いくら多くのお客様を訪問したとしても、訪問したままにして情報を整理しておかなければ、その後の効果的な商談は難しいものです。

毎回違った目的を持って3回も訪問するわけですから、各回での情報がきちんと管理されていなければ、次に訪問する際にどういった話をすべきなのかも分からなくなり、効率的な情報収集や効果的な面談は不可能となります。

そこで、「ターゲット攻略リスト」を作成し、そこに情報や攻略方法を書き込んで情報管理を行いましょう。多くの情報を書く必要はありません。カギとなる情報のみを書いておくだけでも役立ちます。

〈1回目訪問〉

まずは「①訪問先名」「②所在地」を書き込みます。

そして、1回目の「③訪問目的」は「情報収集」なのですが、具体的にどのような情報を得たいのかについてあらかじめ書き込んでおきましょう。

「④情報」には1回目訪問のカギとなる内容を書き込みます。

「⑤評価」には、1回目の訪問で感じた見込みランクを記入します。見込みランクは、「A：見込み先、B：準見込み先、C：期待先、D：取引不能先」の4段階ですが、この時点ではDは選ばないようにします。

〈2回目訪問〉

1回目の訪問で情報収集が不足していた場合は、2回目の訪問目的も「情報収集」で構いませんが、1回目と同様、具体的に記入します。

訪問目的が「相手に役立つ情報の提供」である場合は、どのような情報を提供するのか具体的に記入します。「④情報」「⑤評価」は1回目と同様に記入します。

〈3回目訪問〉

「③訪問目的」「④情報」「⑤評価」は2回目と同様に記入します。

3回目の訪問が終わった時点で、「⑤評価」の見込みランクの欄でA～Dの判定を行い、A～Cランクについては「見込み先」として今後も訪問を続けます。

一度、このような「ターゲット攻略リスト」を書いてみてください。2回目、3回目に訪問する際の目的が明確になるので、結果が驚くほど変わるはずです。

05

1回目の面談は挨拶のみに徹する

Trusted Person

新規開拓先に対し、初回訪問はできても、2回目訪問が苦手という担当者は多いようです。

2回目の訪問をスムーズに行うための方法としてよく聞くのが、「初回訪問で宿題をもらい、次のアポを取る」ということですが、経験の浅い担当者にとっては、これが簡単ではありません。特に法人では、1回目の訪問時から経営者の話を引き出し、何らかの情報を得て、そこから宿題を見つけるというのは簡単ではないからです。

では、どうしたらいいのか。

まず言えることは、初回から「意味のある会話をしよう」と思わないことです。意味のある会話を目指すと、ハードルが高くなり、初回に自分の持っている話のネタをすべて吐き出してしまうことになってしまうことも…。結果、次に訪問する理由がなくなってしまいます。

お客様との距離は、1回会ったぐらいでは縮まりません。何回も会うことで、信用して話をしてもらえるようになるのです。

あっさり帰る担当者はかえって相手の印象に残る

「会うこと」が目的の1回目の面談は、「挨拶」ができれば十分です。自分を売り込んだり、相手からいろいろ話を聞いたりする必要はありません。滞在時間は5分以内にし、「いかに会話をしないようにするか」を心がけましょう。

皆さんの中には、「せっかくアポを取っているのだから、意味のある話をしなければ相手に失礼では」と思う人もいるでしょうが、そんなことはありません。多くの担当者が「初回訪問でできるだけ話をしたい」と考えている中、挨拶だけであっさりと帰る担当者は、かえって相手の印象に残るものです。

そして、1回目の面談で多く話をしてしまうと、相手に「この担当者と付き合ってもメリットはないな」という判断ができるだけの情報を与えてしまうことになるのです。

しかし、挨拶しかしていなければ、相手はこちらがもう一度会う必要のある人間かどうか見極められませんし、断る理由が見つかりません。そのため、次のアポをとることが可能になるのです。

「迷惑ですか?」と聞き次回のアポにつなげよう

もう1つ、アポを取る際のコツを教えます。

それは「アポイントのご連絡をさせていただいたらご迷惑ですか?」と聞くことです。良い関係を築ける相手かどうかを見極められていない状態で、「迷惑ですか?」と聞かれて「迷惑です」と言う人は滅多にいません。もし「迷惑です」と言われたのであれば、いくら訪問しても無駄な相手と判断できますから、すっぱりと諦めることができます。

大半は「迷惑ではありません」と返してくれるはずです。そこで「では近いうちにご連絡させていただきます」と伝えることで、次のアポをとることができます。そして、2回目以降の面談につなげることで相手との距離は確実に近づきます。

以下に、初回訪問の際の「退去時の挨拶例」を書いておきますので、これを参考に自分なりの面談シナリオを作ってみてください。

「○○社長。本日はお会いいただきありがとうございます。

○○社長がお忙しいことは存じておりますので、ご挨拶だけ伺わせていただきました。私は○○銀行の△△と申します。今日は顔を覚えていただければ光栄です。

また近いうちにお伺いさせていただきたいのですが、アポイントのご連絡をしたらご迷惑でしょうか？

――ご了解いただきありがとうございます。ではまたご連絡させていただきます。今後ともよろしくお願いします」

大事なことは「ザイアンス効果を発揮できるくらい、会う回数を増やすこと」です。そのために、1回目の面談は「挨拶のみに徹する」ことが重要です。ぜひ実践してみてください。

06

行きたくないお客様にこそ足繁く通う

Trusted Person

私は経営コンサルタントという仕事柄、金融機関の渉外担当者と仕事で接触することも多いのですが、その中には、取引を求めて私の事務所を訪問してくる担当者も少なくありません。その方々と話をすると、実に様々なタイプの担当者がいることを実感します。

例えば、いきなり「取引してください」と切り出してくる厚かましいタイプ、せっかく訪ねてきたのにほとんど何の話もせずに帰ってしまう大人しいタイプ、とにかく自分のことだけべらべら話すマイペースタイプ、じっくり話を聞いて私のニーズを引き出そうとするしっかりタイプ――本当に様々です。

渉外担当の経験がある私としては、彼らの訪問を歓迎しており、頼まれたら普通預金の開設ぐらいなら協力しています。ですが、定期預金や投資信託、保険や融資などの取引を始めるのは、そんな簡単にはいきません。訪問されたすべての担当者に定期預金ができるほど豊かでもありませんし、融資のニーズもそんなにないからです。

そういった取引をするためには、私自身もその担当者のことを知る必要がありますし、彼らも私からの情報を集める必要があります。相手の人柄やニーズを知ることができて、初めて深い取引に入っていくことになります。

会う回数が多くなるほど心理的な距離が近くなる

私は、訪問してくる担当者に対して「ほとんど事務所にいないから、わざわざ訪問してくれなくてもいいよ。必要があるときはこちらから行くから」と言います。

そうすると、ほとんどの担当者は本当に訪ねてこなくなるのです。

確かに「訪問しなくてもいい」とは言いましたが、「来るな」とは言っていません。訪ねてもらっても私が不在で無駄足になるのは悪いと思い、「訪問しなくてもいいよ」と言っているだけなのです。事務所にいても、忙しければ「また今度来てくれるかな」と断りますが、時間のあるときならきちんと話をするつもりでいます。

渉外活動では、会う回数が多くなればなるほどお互いのことをよく知るようになりますし、心理的な距離も近くなります（「ザイアンス効果」ですね）。そうなると、些細なお願い事に対しては「無理を聞いてあげようかな」という気になるものです。

重要なのは、「どれだけ接触する回数を増やせるか」ということになります。

訪問したくない先に対してはあえて何度も通ってみよう

私が渉外担当者時代、上司に言われた印象深い言葉があります。

「お前、訪問したくないお客様がいるんやろ。何かと理由つけて避けてるやろ。それが間違いなんや。

『行きたくない』と思うのは、文句を言われたり、怒られたりする予感がしてるからや。そしてその予感は絶対に当たる。今行っておかなければ、どんどん問題は大きくなって、取り返しがつかないようになる。

だから、『あのお客様のところに行きたくない』と思ったときには、あえて行ってみるんや。そうすれば、トラブルを未然に防ぐことができるし、行く回数も増えるから相手もお前のことを好きになってくれる」

上司のこの言葉を半信半疑に受け取りながらも、私は「行きたくない」と思ったお客様のところに、あえて足繁く通うようにしました。すると、会うたびに文句を言われていたのが段々と変わっていき、訪問回数が他のお客様と比べて一番多くなったころには、そのお客様は私の一番の協力者となっていました。

私自身が嫌われていると思い込んでいたため、相手も距離を感じていたことからギクシャクしていましたが、何度も会っているうちにお互いに気心が知れ、仲良くなったというわけです。

よほどの人嫌いではない限り、渉外担当者の訪問自体を迷惑と感じる人はそんなに多くはありません。迷惑と感じるのは、訪問のたびに「自分のお願い」ばかりされるからなのです。

3回目の訪問まではお願いをしないこと

新規開拓で成果を上げるためには、はじめの3回は「貢献」を意識して訪問しましょう。できる限り、こちらから取引や契約はお願いすべきではありません。最初に「お願い」から入ってしまうと、「お願いばかりされるのではないか」と警戒されてしまい、次回以降の訪問がしづらくなります。

人間の心理には、「返報性の法則」というのがあります。「相手に何かしてもらったら、何かを返さないと落ち着かない」というものです。はじめに「貢献」を続けることで、相手には「もらってばかりで悪いな」という気持ちが芽生えます。たとえそのように思わない人でも、自分のために何か行動してくれる人に対しては好意を感じるはずです。そのため、はじめの3回は自分からお願い事をしてはいけないのです。

ここで難しいのが、お客様の立場からすると、あまりに「貢献」ばかりされると落ち着かなくなり、逆に会うのが気まずくなることです。それを解消するために、4回目に小さなお願いをしてみましょう。それにより、お客様は「お返し」をしたような気になり、心理的に落ち着きます。

この過程を経ることで、お互いに相手に対して遠慮が少なくなり、相談したりお願いしたりという関係を構築することができます。そうなると、ここぞというときに「甘える」ことができるのです。

キャンペーンなどでお客様に協力をお願いするようなこともあると思いますが、「甘えられる関係」ができるまでは、「キャンペーン」という言葉は使わないようにしたほうがよいでしょう。「キャンペーン」は金融機関側の都合であり、お客様にとってみれば関係のない話だからです。

お客様としては、担当者に対し「応援してあげたい」という思いを持って初めて、「キャンペーンに協力する」ことができます。その思いがなければ、単なる「担当者の都合の押しつけ」と感じてしまいます。

訪問に関しては「節度ある厚かましさ」を持ち、お願いに関しては「細心の気遣い」をすることが、新規先を獲得するためのカギとなります。

「紹介による営業」を積極的に活用する

新規開拓の中で、成功する確率の高い営業方法は何でしょうか？

それは「紹介」です。紹介であれば、「見込み客」を簡単に見つけることができますし、アポイントを取るのも難しくありません。営業にかかるコストも低くて済みます。そのうえ、紹介者の顔もあるので先方もむげに断りにくく、ゼロからの新規開拓営業に比べ新規取引に至る可能性は高くなります。そんな「紹介による営業」を積極的に使わない手はありません。

しかし、実際には「紹介による営業」を実践している担当者は多くありません。なぜなら「紹介してもらうことに後ろめたさを感じているから」なのです。

「厚かましい奴と思われるのではないか」「紹介をお願いして断られたら、お互い気まずい思いをするのでは」など、「後ろめたさを感じる理由」はそれぞれでしょう。ですが、それは自分自身が勝手に思っていること。相手にニーズがあり、自行庫に「相手に確実にメリットを与えるもの」として自信を持って提案できる商品があれば、紹介をお願いすべきです。

紹介をお願いした際、もしニーズがある知り合いがいたら、すぐに紹介を引き受けてくれるでしょう。なぜなら、紹介することでその知り合いにも喜んでもらえるからです。

担当者が、「紹介をお願いすることは恥ずかしいこと」と考えているとしたら、自行庫の提供する商品に対して自信がないということになります。担当者が自行庫の提供する商品に自信を持っていないなら、その商品を売れるはずがありません。説得力が出ませんから。「こんなに素晴らしい商品を、必要としている方が使わないのは損ではないか」というぐらいの気概を持ち（傲慢に見えるので、実際にそう言ってはいけません）、自信を持って堂々と紹介をお願いすることが重要です。

「喜びの声」を集めて商品のメリットをアピール

ですが、何の根拠もなしに自分の提供する商品に自信が持てるわけではありません。自信を持ち、セールストークに説得力を持たせるためには、その根拠を見つけ出す必要があります。

そのためには、商品のメリットを徹底的に考えてみましょう。

そこで効果的なのが、「お客様の『喜びの声』を集める」ことです。

実際にその商品を使った方の「こんな良いことがあった」「あんなことに役立った」といった実例を集めることで、説得力が増します。

実際に活用した人の声であれば、事実なのですから相手から否定されることはなかなかありません。「そうなんだ」と、事実として聞いてもらえます。

通販番組や通販広告を見れば、そこには必ず「喜びの声」が入っていますよね。広告主は経験上、それが一番、説得力があると知っているのです。このように「喜びの声」からその商品に共通するメリットを見つけ出し、一緒に紹介することで、納得してもらえる可能性が高いセールストークができるようになります。


実際、私もこの「喜びの声」を集めて成功したことがあります。

以前勤めていた金融機関では、お客様の（特に婦人層の）囲い込みを図るために、よく旅行を企画していました。日帰り旅行もあれば一泊旅行もあります。しかし、回数を重ねるにつれて、参加者が集まりにくくなってきました。

取引先に声をかけても、なかなか色好い返事が返ってきません。知らない人と一緒に旅行をすることに抵抗があったようでした。

そこで、以前参加した人に「参加して何が良かったのか」「どう楽しかったのか」を聞いて回り、その「喜びの声」を旅行チラシの裏面に写真つきで印刷したところ、「そんなに面白いのなら」と、多くのお客様が参加してくれたのです。私が勧誘してもなびかなかった方たちですが、「喜びの声」を載せることで面白さを具体的にイメージできたのだと思います。

「紹介」という視点で取引先を分類してみる

自分たちの商品に自信が持てたら、次に行うべきは、見込み客を「紹介してもらう」ことです。

ただ、誰彼構わず「紹介してください」とお願いしても非効率です。ではどういった人に紹介をお願いすればよいのでしょうか。

金融機関に限らず、営業担当者にとって、お客様は大きく3種類に分かれます。

①自分のファン（自分のことを心底信頼し、自分が他社に移っても取引をしてくれる先）

②商品のファン＝リピーター（会社や商品に魅力を感じており、担当者が代わったとしても問題のない先）

③たまたまのお客様＝カスタマー（商品や価格、利便性等のメリットがなくなればすぐ取引が終了するような先。担当者の名前さえ覚えていない）

当然、紹介をお願いすべきなのは、①自分のファンに対してです。②商品のファンは、紹介することで何らかの大きなメリットがある場合に、まれに引き受けてくれることがあるかもしれませんが、そこまで大きなメリットは提供できません。③カスタマーは、「なぜあなたのためにそこまでしなくてはならないのか」と思われてしまうため、まったく期待できません。

自分のファンであれば、人間関係ができているため「この人のために何かしてあげよう」というマインドがあり、紹介してもらえる確率が高いのです。

紹介をお願いする際、担当者がまずすべきことは、自分の取引先リストを「紹介」という視点で見直すことです。

①取引先リストをじっと眺め、ファンには「○」、リピーターには「△」、カスタマーには「×」をつける。
②「○」については、紹介してもらえるようにすぐ働きかける。
③「△」については、どうすればこの先「ファン」になってもらえるかを考え、それを実践する。
④「×」については、「リピーター」に昇格させるためにどうすべきかを考え実践する。

ここで時間をかけるべきは、①と②の作業です。③や④の作業は、時間に余裕があるときに行います。優先順位をつけて、メリハリのある行動をしてください。

「誰に紹介を頼むべきか」を明確にすることで、効率的な新規開拓につながります。まずは、「紹介」という視点でリストを見直すことをおすすめします。

08

Trusted Person

「紹介」をお願いする先を工夫する

私が渉外担当者だった当時、「２００人の渉外担当者中最下位」という最悪の状況を脱してからは、着実に成果を上げられるようになりました。中でも、一番苦手だった「新規先獲得」という壁を乗り越えたのが大きなターニングポイントだったと思います。

私は、それまで行っていた「飛込み訪問」ではまったく成果を上げられませんでした。そこで、成績の良い先輩を観察してみると、その先輩は「紹介してもらう」ことで、新規先を多く獲得していたことが分かりました。

「紹介してもらう」ということに意識を向け、工夫をしたことで新規先の獲得が増えてきたのです。そこでここでは、具体的にどのような形で「紹介」してもらうと効果が上がるのか、私の経験を紹介したいと思います。

出入り業者の下請け先を紹介してもらう

①融資先の決算書から紹介してほしい先を伝える

融資先からは決算書をもらっているので、その附属明細の中の「買掛金の明細」「売掛金の明細」「受取手形の明細」に載っている〝取引先〟をピックアップし、それぞれの会社についてインターネットなどで調べました。

その会社がどういう会社なのか把握したうえで、融資先の社長と面談した際に話題に出し、話が盛り上がったところで「社長、お取引先の○○社を紹介してください」とダイレクトにお願いしました。

取引先が良い会社であればあるほど、「良い会社と取引している」ということを金融機関にアピールできるため、社長は詳しく話してくれます。話を聞く際には、「良い取引関係を作られているのですね」「取引先の社長と仲が良いのですね」という言葉を意識して言うようにしていました。そういったセリフに対して、社長は肯定的な返事をしてくれます。

そのため「紹介してください」と言ったときに、断られることはほとんどありませんでした。この方法で、多くの経営者から取引先を紹介してもらうことができました。

②出入り業者から紹介してもらう

金融機関には、出入りしている様々な業者がいます。取引窓口が本店の業者もいれば、支店と直接取引している業者もいます。その出入り業者の方に対して積極的に声をかけ、仲良くなったころを見計らって、「下請先を紹介してください」とお願いしました。なぜ下請先かというと、「受注先」だと立場上紹介しづらいケースもありますが、下請先ならある程度無理が言える関係にあるため、比較的紹介してもらいやすいからです。

出入り業者との取引は見逃しがちですので、一度、すべての出入り業者にアプローチしてみると意外な成果が生まれてくるかもしれません。

③士業から紹介

当時、上司にヒントをもらって、税理士などの「士業」の事務所を訪問するようにしました。地元密着で仕事をしている士業の方々は、テリトリー内に多数の顧問先を持っているため、仲良くなれば、本当に多くの新規顧客との出会いのチャンスを作ってくれます。

私がまず行ったのは、自店の取引先にどれだけの士業の方がいるのかを調べることでした。自分の担当先に士業の方がいた場合は、真っ先にその先生の事務所を訪問しました。上司に許可をもらい、自分のテリトリー外でも積極的に訪問しました。

実はそれまで私は、士業の先生一人とサポートスタッフで業務を行っているような事務所の場合、「融資ニーズもあまりなく、預金や預かり資産の見込み先としても有望とはいえないのでは」と考え、ほとんど訪問していませんでした。しかし、「紹介してもらえるネタをたくさん持っている方」という目で見てみると、士業の方々というのはとても魅力的であるということに気付きました。

実は、士業の方々の中には、金融機関とパイプを持ちたいと思っている方が少なくないのです。なぜなら、金融機関と太いパイプを持っている士業が、多くの顧問先を紹介してもらっているという事実があり、「自分もそうなりたい」と思っているからです。

中には、金融機関とのパイプをどう作ればよいのか分かっていない士業の方もいます。ですので、「士業の方とのパイプを作っていきたいのです」と訪問すると、多くの方に歓迎してもらえました。

このようにして、士業の方々と信頼関係を構築することによって、地元の顧客をたくさん紹介してもらうことができたのです。

09

「攻めやすい新規顧客リスト」を作成する

Trusted Person

新規開拓営業における契約までのプロセスは、以下のステップを踏むことになります。

①攻略対象先のリストアップ
②アポイント先確保
③見込み先確保
④契約

このプロセスを前提にして、一定数の新規契約を獲得するために必要な攻略対象先数を計算すると次のようになります。

例えば、新規開拓営業を行う際の契約率（見込み先が実際に契約した比率）が20％、見込み率（アポイントを取れた先に実際に交渉できた比率）が50％、アポイント率（リストアップした先に実際にアポイントを取れた比率）が40％だとします。この場合、契約を10件獲得するには、「10件（契約数）÷20％（契約率）÷50％（見込み率）÷40％

（アポイント率）＝250件（攻略対象先）」となり、少なくとも250件の攻略対象先が必要となります。

実際には、契約率やアポイント率がこれほど高い数値になることはめったにありませんので、10件の契約を獲得するには、より多くの攻略対象先が必要になることでしょう。

新規契約数を増加させる方程式とは？

このように、新規の契約数は、「攻略対象先リスト数×アポイント率×見込み率×契約率」で計算され、それを増やすには、「契約率を上げる」「見込み率を上げる」「アポイント率を上げる」「攻略対象先リスト数を増やす」のどれかの作業が必要となります。

しかし、意外とこの方程式を理解していない渉外担当者は多いようです。

この方程式からも明らかなように、もともとの「攻略対象先リスト数」が少なければ、どれだけ頑張っても、契約数増加には限界があります。

そこで、新規開拓営業で成果を上げるためには、必要最低限の「攻略対象先リスト」を揃えることがまずは必要になります。攻めるべきリストがあって初めて戦略を考えることができるのであり、この作業をせずに契約数を上げていこうとすると無理が生じ無駄の多い営業となってしまいます。

私は、渉外担当者になってすぐのころ、上司に「新規先1000件飛込み訪問」を命じられたことがあります。成果はほとんど上がりませんでしたが、そこで様々な工夫をし、営業スキルがブラッシュアップされたことで、その後の成果につながっていったと考えています。

ただ、それはあくまで、まだ営業スキルが身についていない渉外担当者のトレーニングとして効果的ということであり、営業スキルがある程度身についている渉外担当者の場合は、「飛込み営業」を行うより「新規先攻略のための戦略や戦術」をしっかりと持って訪問を行うほうが、新規取引獲得の確率はぐんと上がります。

新規開拓営業で重要なのは「契約率」「見込み率」「アポイント率」のどれかを上げることです。

そこで効果的なのが、「契約できそうなお客様」や「契約してほしいタイプのお客様」をあらかじめ明確にしておくことです。融資取引を行う場合、自行庫にとって得意な業種と不得意な業種があるでしょう。業種ではなくても、売上や従業員数等での得意不得意はあるでしょう。そこで「取引を始めてもらいやすいお客様に共通している点」を見つけるのです。

まずは「取引を始めてもらいやすいお客様に共通している点」について仮説を立て、それに当てはまる先をリストアップすることで「攻めやすい新規顧客イメージ表」が完成します。これを元に「攻略対象先リスト」を作っていくことになります。

社風、経営理念、社長や担当者の性格、会社の体質、売上規模、従業員数、業種など様々な角度からその会社に光を当ててみてください。この作業をあらかじめ行うことができれば、効率的に契約件数が増加します。

チェックリストを活用し攻略対象先リストを作成

「攻めやすい新規顧客イメージ表」を作成する際には、次に挙げる手順で、まずは「攻略すべきお客様」のイメージを明確化し、それに当てはまる新規先をリストアップするとよいでしょう。

〈「攻めやすい新規顧客イメージ表」の作成手順〉

①「地区・地域」「業種」「資本金」「従業員数」「取扱商品・製品」等の客観的データに基づいた項目と、「ホームページでのイメージ」「担当者自身が持つイメージ」「予想訪問頻度」「興味を持ちそうな商品」等の主観的な項目を挙げる。
②各項目に対して担当者が攻めやすいと思う「お客様像」を具体的に書き込む。
③攻略すべきお客様像が明確となれば、その条件に当てはまる先を「攻略対象先」としてリストアップする。
④当該リストアップ先を順番に訪問する。

あらかじめこの作業を行っておくと、新規開拓営業の際に「見るべきポイント」「聞くべきポイント」「話すべきポイント」が分かってきます。

これらのポイントを踏まえながら新規開拓を重ねていくことで、より営業方法がブラッシュアップされるという経験効果が働きます。その結果、必ず「契約率」「見込み率」「アポイント率」は上昇します。

ぜひ、このような「攻めやすい新規顧客イメージ表」を作成し、活用してみてください。

10 「断られる理由」を集め対処法を考える

Trusted Person

新規開拓をする際、見込先で話を聞いてもらえるようになっても、なかなか契約までたどり着けないということは多いものです。

必死に商品のメリットを説明しても、なかなか魅力を感じてもらえない。そんなとき、どうすれば契約につなげることができるのでしょうか？

新規先を獲得するためには、以下の4つのハードルがあります。

①「自行庫を知ってもらうこと」
②「自分のことを知ってもらうこと」
③「提供する商品を知ってもらうこと」
④「取引するメリットを感じてもらうこと」

この4つのハードルをすべてクリアして、はじめて取引につながります。特に、④

「取引するメリットを感じてもらうこと」は非常に重要です。

見込先と自分の感じるメリットのズレをなくす

話を聞いてくれるぐらいですから、自行庫や自分自身については知ってもらうことができているということでしょう。しかし、取引をするメリットを感じてもらうことができなければ、契約にはつながりません。

ここで意識してほしいのは「自分たちが伝えるメリット＝見込先が感じるメリット」ではないということです。相手がメリットと感じることと、自分たちがメリットと感じることにズレがあれば、いくら良い商品でも契約にはつながりません。

例えば、運用利回りの良い投資信託があるとします。渉外担当者はこの投資信託に「運用利回りの良い商品」というメリットを感じていて、それを見込先にアピールします。

しかし、その見込先が超安全志向で、リスク商品にはまったく興味がない場合、「運用利回りの良さ」はその見込み先にとってメリットになりません。こういった先は、

「金利の高い定期預金」にメリットを感じています。

運用利回りの良い投資信託を提案して、「リスク性商品には興味がない」という「契約しない理由」を聞くことができれば、「どんなことにメリットを感じてもらえるのか」という情報を集められます。

つまり、有利な商品をすすめて断られた場合、「断る理由」を聞くことができれば相手のニーズに合った商品を提案することができるのです。

「断られる理由」には共通するものが多い

新規見込先で、話はできているのに契約に結びつかないときには、必ず「断る理由」が存在します。

「支店が自宅から遠いので出金するのに不便」「金利が低いのでどこに預けても一緒だから、メイン行を変える必要性を感じない」「年金の受取口座をほかに移すと公共料金の引落し口座も変えなければいけなくなるから面倒」「いま資金を必要としていない」「取引金融機関に義理がある」など、いろいろあります。

ただし、「断られる理由」はそんなに多くありません。あらかじめ「断られる理由」を集めていれば、そういった理由を言われた際にも対処できます。

「支店が自宅から遠いので出金するのに不便だ」と言われたとき、「近くのコンビニで出金しても手数料は無料なので、今までより便利になりますよ」と返答することができれば、相手は別の「断る理由」を言うか、契約するかの二者択一になります。たいていは別の「断る理由」を挙げられますが、その理由にも解決策を明示できれば、最終的にお客様は契約せざるを得ない状況になります。

ただし、あまりやりすぎると相手を追い詰めることになり、不快な思いをさせてしまいます。

そこで、一度にすべての理由に返答するのではなく、「前におっしゃっていた○○ですが、△△することでより便利に使っていただけるようになりました」と、何回かに分けて1つひとつ「解決する方法を見つけてきました」とアピールすることで、一生懸命さもアピールできます。

第3章

お客様との会話のスキルを上げる

こんな行動をしていませんか?

社長室
社長 本日はお時間をいただき ありがとうございます
いや ちょうど時間も 空いたものでね…
ありがとう ございます
あぁ
う～ 話すことがないなぁ
と…ところで社長 融資の必要性は ありませんか?
それ 前も聞かれたけど 今は必要ないんだよね

そうですか…
では いつ必要になりそうですか？
そう言われてもね…
いま必要ないのでしたらカードローンを作っておくのはいかがでしょうか？
カードローン… いや 間に合っているかな
そうですか… では引き続きよろしくお願いいたします
あの担当者は特に提案もなくいきなりお金の話をしてくるのか…
ウチの会社のことをよく知りもしないのに簡単に融資なんて言わないでほしいよ

11

訪問先での話法のコツ

Trusted Person

　私が渉外担当者をしていた当時、よく悩んでいたのが「訪問時にどんな話をすればよいのか分からない」ということでした。

　渉外担当者として外へ出たての頃は「初めて営業に出ました。分からないことばかりですが、ご指導のほどよろしくお願いします」と言って分からないことを聞きまくっていました。そうすると、お客様は優しく接してくれて、いろいろと面倒を見てくれたり質問に答えてくれたりしました。ですが、3カ月もするとその話法は使えなくなり、訪問先での話法について悩むようになったのです。

　そこで、先輩に相談したところいくつかの小技を教えてくれました。ここではそれを、みなさんに紹介したいと思います。

会話を切り出すキーワードは「きどにたてかけし衣食住」

訪問時の話のきっかけとして次のようなキーワードの中からいくつか準備しておけば、焦ることなくスムーズに会話に入ることができます。

キーワードは「きどにたてかけし衣食住」。使い方が決まっているものではないので、TPOに合わせて自己流にアレンジするのも面白いと思います。私は次のように活用しています。

- **「き」…季節の話**。「桜がきれいに咲いていますね」「食べ物がおいしくなりましたね」など、別の話題につなげやすい切り出しです。
- **「ど」…道楽、趣味の話**。同じ趣味を持っているのであれば、深く考えなくても話は弾みます。同じ趣味を持っていない場合でも、お客様の趣味について詳しく質問することで、気分良く語ってくれるはずです。
- **「に」…ニュース、時事ネタ**。朝、新聞を読んでおくのは当然ですね。私は当時、日経新聞を読み忘れて、お客様に「新聞も読んでいないのか」と怒られた経験があります。外回りに出る前には必ず目を通しておきたいものです。

・**「た」…旅、旅行の話。**旅の話題は楽しい記憶につながっているものです。同じ場所に行ったことがあれば、それだけで盛り上がります。

・**「て」…天気の話。**「暑くなってきましたね」「記録的な大雪でしたね」などといった話は、共感を得やすい話題ではありますが、それだけではなかなか長続きしません。そこからどう話をつなげていくのか、あらかじめ考えておく必要があります。

・**「か」…家族の話。**お子さんやお孫さんの話題を振ると、楽しそうに話をしてくれるお客様は多いです。担当者自身の家族の話をするのも良いですね。

・**「け」…景気の話。**「け」は健康の話として使われることも多いですが、私は景気の「け」と捉えています。景気は、経営者にとってはとても興味のある話題です。ただ単に「景気が悪いですね」というのではなく、「この前、ある講演で聞いたのですが、国内向けの工作機械の受注が増えているので、近いうちに景気が好転する可能性があるみたいですよ」と、将来に明るさを感じられるような根拠のある話をすれば、そこから経営の話にスムーズに移行できます。

・**「し」…仕事の話。**この話題では「御社が一番お客様から評価されているところはどこですか」と質問すると、気分良くどんどん話をしてくれるはずです。それを熱心に聞くことで、取引先の「強み」の情報を獲得することができます。一石二鳥とも言える話題でしょう。

・「衣」…衣類
・「食」…食事
・「住」…住居

この3つの話題は生活に対するこだわりが如実に表れます。相手のこだわりを知っていれば、次に会ったときの会話がとても楽になります。

取引先との会話の基本は「聞くこと」です。相手にどんどん話してもらうことで、効果的な情報を収集することが可能になります。

この「きどにたてかけし衣食住」を、相手に語ってもらうためのキーワードと認識しておけば、さらに会話がしやすくなります。決して自分ばかり話をし続けないことが重要です。私は自分ばかりしゃべってしまい、お客様を不機嫌にさせたことが何度もありました。みなさんは、その轍を踏まないようにしてください。

新規訪問先の経営者に投げかけたい話題とは？

初めて訪問した事業先で経営者と面会することができたときに（そんな幸運なことは滅多にありませんが）、次回も会ってもらえる可能性が高くなる話題が1つあります。

それは「経営理念」の話です。経営者にとって（特に創業社長にとって）は、会社は自分の子どもと同じようなもの。とてもかけがえのないものです。そして経営理念とは、そのかけがえのない会社への「思い」を言葉に表したものです。経営理念には、目に見えない経営者の思いが目一杯詰まっているのです。

初めて新規先の経営者に会うときには、必ず「経営理念」についてある程度調べてから訪問し、「御社の経営理念は『○○』となっていますが、この経営理念はどういう経緯で策定されたのでしょうか？」と質問してみましょう。

これに対し、経営者は気持ち良く話をしてくれるはずなので、その「熱い思い」に共感の姿勢を示し、信頼に値する渉外担当者だと感じてもらえるようにしたいものです。

1つだけ、ここで気をつけたいことがあります。それは、きちんと自行庫の経営理念もそらんじられるようにしておくということです。そして、その意味を分かりやすく説明できるようにしておく必要もあります。

経営理念の話を聞かれた経営者は、渉外担当者に対して同じ質問を返してくることがあります。そのときにきちんと答えられなければ、それまでどれだけ良い雰囲気であったとしても、信用がゼロとなってしまうことにもなりかねません。

12

新規先での会話のネタを見つける

新規開拓営業をする際、行きあたりばったりで訪問していないでしょうか。時間が空いたから、目についた法人に片っ端から飛び込み訪問しまくる——その志は素晴らしいですが、それではなかなか成果につながりにくいでしょう。

新規開拓営業を成功させるには、あらかじめ訪問する先をピックアップしてから行動すべきです。

行きあたりばったりでは会話のネタに詰まることに

行きあたりばったりで訪問した場合、「その企業が何を行っているのか」「どんな商品・サービスを取り扱っているのか」「規模はどれくらいなのか」など、その企業に関する情報をまったく持っていない状態で臨まなければなりません。

経営者は、行きあたりばったりで渉外担当者が来ているとは思っていません。当然、自社を開拓するのが目的で訪問していると信じています。

そんな考えの経営者が渉外担当者と面談したときに、渉外担当者が自社のことをまったく知らないと分かれば、とても立腹するでしょう。その結果、取引に至らないばかりか「今後出入り禁止」ということにもなりかねません。

そういった結果を避けるためにも、あらかじめ訪問先をピックアップしたうえで新規開拓営業にあたったほうがはるかに効果的です。

企業のホームページの情報を活用して会話を広げる

訪問先を決めて、その訪問先の情報をあらかじめ集めておけば、その情報を元に話を広げていくことは難しくありません。

きっかけとなる情報をあらかじめ用意しておくことで会話を円滑に進めていくことができますし、会話のイニシアティブをつかむこともできます。

訪問先企業がホームページを持っていれば、「業務内容」「取扱商品・サービス」「経営理念」「経営者の経歴」などの情報を確認できます。

さらに、その企業のトピックスや新製品情報などが手に入ることもあります。ホームページに掲載しているトピックスや新製品情報などは、経営者自身も意識している情報であることが多く、これらの内容について質問するだけで、経営者が多弁になることも少なくありません。


上司や支店長が「新規先への訪問件数を増やしなさい」と口を酸っぱくして言っているのは、「訪問件数の増加」＝「新規先契約数の増加」という図式があるからです。ですが、大事なことは「新規先契約数の増加」であり、訪問件数が少なくても新規先の契約件数が多ければ文句は言われません。

そのためには1先あたりの契約率を高めることが重要です。事前準備をしっかりと行い、新規訪問先の情報をきっちり調べておくことで、経営者と面談した際に話すネタを見つけることができます。そこから会話を発展させることで、契約率を格段に高めることができるのです。

13 会話のシナリオを作る

Trusted Person

「成果を上げたければお客様のところに足繁く通いなさいと言われるが、お客様のところに行って何を話せばよいのかよく分からない」というのは、渉外担当者からよく相談される悩みです。

「お客様のところに何度も足を運ぶことが大事ということは分かっている。でも、訪問して話が続かなければ気まずい思いをするので、つい足を運ぶのがおっくうになってしまう」という話もよく耳にします。

そうした気持ちは分かりますが、お客様のところに行かなければ成果を上げられないのも事実です。かといって、ただ単に雑談を続けているだけでは、これまた成果につながりません。

大事なことは、「話題に困らずに、成果につながる会話をすること」。行き当たりばったりで会話をしていては、目的を達成することは難しいでしょう。

成果につながる会話をするために必要なことは、「あらかじめ話すべき内容を決めておくこと」です。

当意即妙に会話できれば苦労はありませんが、知識も経験も乏しい若い渉外担当者がそんなテクニックを持っていることは少ないでしょう。しかし、あらかじめ話すことを決めておくことで、自分の望む方向に会話を持っていくことが可能になります。つまり、「会話のシナリオを作る」ことが、成果につながる近道となります。

渉外担当者は、「6カ月間でどんな成果をあげるか」を考えて4月や10月に半期の目標を立てることが多いと思います。「会話のシナリオ」もそのときに作っておくことをおすすめします。ここではその手順を紹介したいと思います。

目標を絞り込まないと会話のポイントがぼやける

①6カ月間で目指すべき目標を絞り込む

お客様ごとに「今期はこのお客様からどんな成果をあげるか」という目標を立てます。

高い成果を上げたいがゆえに、一人のお客様に対していろいろな目標を立てがちですが、それはいけません。1つに絞り込むか、せいぜい2つまでです。

「会話のシナリオを作る」ときに、成果の目標が多くなってしまうと、話すべきポイントがぼやけてしまいます。

「あれもこれも伝えなければいけない」となると、自分が話すことが多くなり、最終的には「お願いします」というお願いセールスになりかねません。重要なことは「相手の話を積極的に聞くこと」。相手に多く話をしてもらいながら、自分の話したい方向に誘導する——それが成果をあげるためのコツです。

そのためには、会話のシナリオを作る際にも「目標を絞り込む」ことが重要なポイントとなります。

②6カ月間の訪問回数を決める

何回訪問するかによって、1回あたりに話す内容が変わってきます。月に1回訪問するのであれば、半年で6回分のシナリオが必要となりますし、月に2回の訪問だと12回分のシナリオになります。

訪問する回数が多くなると、その分集められる情報も、伝えられる情報も多くなり成果をあげやすくなりますが、その分シナリオを作る手間は増えます。訪問する回数が少ないと、シナリオを作る手間は減りますが集められる情報量や与えられる情報量が少なくなるので成果につながりにくくなります。自分の担当先数を踏まえて6カ月間に訪問する回数を決めましょう。

相手のニーズを聞いてからそのニーズに合う情報を伝える

③6カ月間で聞くべきことを決める

成果につながる会話をするにあたって重要なことは、「どれだけ相手の情報を集めることができるか」ということです。「売りたい商品」の情報をひたすら伝えても、それはただの「押し売り」です。「お客様が欲しい商品の情報を提供する」ということが渉外活動を行ううえで正しいスタンスであり、そのためには「お客様がどんな商品を欲しがっているのか」を聞き出すことが最優先となります。

繰り返しになりますが、「情報を伝える」ことを重視するのではなく、「相手のニーズを聞いてから、そのニーズに合う情報を伝える」ということが重要なのです。

そういったニーズを集めるための質問は、その場その場で思いつくことは不可能です。「ニーズを聞き出す質問」をあらかじめ用意し、会話の中にさりげなく潜り込ませることで、必要な情報を自然に聞き出すことができます。

〈ニーズを引き出す質問例〉

●「金融機関に一番求めているものは何でしょうか?」
●「金融機関に対して不満に思っていることはありますか?」
●「どんなサービスがあればうれしいですか?」
●「今までに一番良かった担当者は、どんな担当者ですか?」
●「5年後、社長はこの会社をどのような会社にしたいと考えていますか?」
●「今まで経営をしてきた中で、一番苦労したことはどういうことですか? どのように解決されたのですか?」
●「会社を成長させていくうえで、どのようなことをしていこうと考えられていますか?」

14 聞き上手になってお客様のニーズをつかむ

訪問先での会話を弾ませるために大事なことは、会話のイニシアティブをとることです。そしてそのためのカギとなるのが「聞く」ことです。

本当に会話が上手な人は、「はい」「なるほど」「そうですね」の3つの言葉だけで会話を成り立たせることができます。もちろん声の抑揚やトーンを変えますが、このたった3つの言葉だけで長時間会話を続けられるのです。

そして会話が終わったときに、相手から「○○さんは話が上手だね」と言われます。これは「話し上手は聞き上手」といわれる典型的な例だと思います。積極的に「聞く」ことは相手のニーズをつかむことにもつながります。

セールスをする際、絶対にやってはいけないのが「売り込み」です。

例えば、すごく成績の良い投資信託があったとします。担当者の中には、「この投資信託は成績がとても良いです」とアピールして買ってもらおうとする担当者もいることでしょう。

しかし、そのお客様が「利回り重視」ではなく「安全性重視」だった場合は、その投資信託がどれだけ成績が良かったとしても食指は動きません。そればかりか、無理に売り込まれていると感じて次からの面談を敬遠してしまうかもしれません。相手の話をじっくり聞いて、ニーズをつかんだときに提案するほうが成果につながります。

今回の例だと、相手が「安全性を重視している」という一言を言ったときに、「そうですか。成績の良い商品ではなく、利率が低くても安全性の高い商品をお求めなのですね。それでしたら〇〇さんの望む商品があります。ボーナスキャンペーン対象の定期預金で、金利が少し高い設定になっているんですよ」と、「売り込む」ことをせずに、商品の提案をすることを心がけましょう。

15

コーチングの技術を会話に役立てる

Trusted Person

「聞き上手」になるために、さらにおすすめしたいのが「コーチング」です。

私も渉外担当者をしていた当時は、訪問先で会話を弾ませることが苦手でした。私ばかり話をしてしまい、相手に嫌がられることが多かったのです。

そこで、「聞く力」を高めるために勉強したのが「コーチング」でした。それまでは、私とお客様の話す割合が8：2でしたが、コーチングを学び「聞く」ことを意識するようになってからは3：7と大きく逆転したのです。

すると、「以前は勧誘ばかりされるので鬱陶しいと思っていたけど、最近はすごく話しやすくなったわね」「東川さんとの会話は、私が話す余地がないからしんどかったけど、今は気分良く会話ができるようになったわ」と、お客様からの受けがとても良くなりました。

「コーチング」を学ぶことで、お客様が本当の悩みを打ち明けてくれるようになる『聞く力』はもちろんのこと、相手の本音とニーズを引き出す『質問する力』や、「この人は私のことをよく分かっている」と思わせる『共感してもらえる力』、相手の興味を高める『提案する力』が身につくようになるのです。

コーチングとは「目標達成や能力のさらなる向上を目指し、相手を勇気付けたり、やる気を引き出したりして、自発的な行動を促すコミュニケーションスキル」のことですが、渉外担当者としては、その中でも「話をじっくりと聴くスキル」や「より深い質問をするスキル」が特に重要になります。

「話をじっくりと聴く」ことができれば、相手からの好意度は格段に高まるため（第2章「4新規開拓の基本ルール」参照）相手との距離を縮めることができますし、「より深い質問をする」ことができれば、相手のニーズや重要な情報をより深く引き出すことができます。

16 断り文句に対応する

みなさんにとって、訪問先でお客様と会話をする際に困るのが、「断り文句」を言われたときではないでしょうか。

「結構です」「いりません」と言われてしまったら、「そうですか」と退散するしかないと思っている人も多いでしょう。ですが、そこで引き下がってしまったら、そのお客様との接点が失われてしまいます。

かといって、しつこく食い下がってしまうと相手の機嫌を損ねてしまい、「出入り禁止」となってしまうこともあります。

私は渉外担当者時代、どうしても成果が欲しかったときに、「今は必要ありません」と断られたにもかかわらず「今じゃなかったらいつ必要になりそうですか?」「融資が必要ないのなら、いざというときに使えるカードローンはいかがですか?」と、食い下がってしまったことがあります。その後、お客様から「あの人はしつこいのでもう来ないでほしい」と苦情の電話が入り、二度と訪問できなくなってしまいました。

ここでは私の経験を元に、訪問先での「断り文句への対応」について取り上げたいと思います。

断り文句から見込み度合いを探る

お客様の「断り文句」の真意は、次の2つに分けられます。

①「取引するつもりはまったくないが、カドを立てないよう適当に理由を付けている」

②「取引してもいいけれど、提案された商品に今は必要を感じないため断っている」

①の場合は、お客様はあまりこちらの顔を見て話をしません。そして、よく使われる言葉が「今忙しいのでまた今度にしてもらえますか」「今は間に合っています」「預金するほどのお金がないので」「ほかの銀行さんと付き合っているので」といったものです。

これらの言葉を言われた場合には、見込みがないと判断し、深追いすることなく引き下がりましょう。

見込みのないお客様に時間をかけるよりも、そのお客様をスパッと見切って、見込みのありそうな次のお客様を探すほうがはるかに効率が良いです。時間は有限ですから、うまく使わなければなかなか成果は上がりません。

ただし、こうした断り文句を言われた際に重要となるのが、「すみません。ありがとうございました」と引き下がるのではなく、せめて人間関係を構築できるように、今後に何かをつなげることを意識することです。

私がよく行ったのは、「またいろいろな情報を提供させていただきたいのですが、そういった情報をポストにお入れしたらご迷惑でしょうか？」と聞くことです。大抵の場合「ご迷惑でしょうか？」と聞くと、「別に構いませんよ」という答えが返ってきます。それがカドを立てない言い方だからです。

「ご迷惑でしょうか？」と聞いて「迷惑です」と言うようなお客様は、こちらとコミュニケーションを取ろうという考えがないわけですから、今後どれだけ訪問しても脈がないという判断ができます。

一方で、「別に構いませんよ」と言ってくれたお客様には、「ありがとうございます。

では、またポストにチラシを入れさせていただきます」と言って帰ります。

大事なことは、「次に訪問する理由を作る」ことと「その許可をもらう」ことです。

これはいきなり思いつくものではありませんので、自分なりの「訪問する理由作り」「再訪問の許可をもらうためのネタ」「それをうまく伝えるためのトーク」をあらかじめ考えておくことが必要となります。

具体的な断り文句のお客様にはほかに求めているものがある

次に、②の断り文句を言われた場合についてですが、この場合は大体、きちんと落ち着いて話を聞いてもらっていることが多いはずです。

当時私は、仲の良いお客様にもあまり仲が良くないお客様にも、同じように「○○キャンペーンを行っていますのでご協力いただけませんか」というセリフを言ってしまっていました。ですがお客様にとっては、金融機関がキャンペーンをやっていようがいまいが、それは金融機関側の事情であり、協力する義理はありません。

しかし、私はそこで「今使えるお金がなくて協力してあげることができないの」「今はお金を借りる必要がないからそれはいらないよ」というように具体的に断ってくれる場合は、お客様はほかに求めているものがあるのではないかということに気付きました。

それ以来、ただ単に成果を求めるのではなく、お客様が「今何を必要としているのか」について、情報を得ることを心がけるようにしたのです。

お客様の情報を得るためには、いろいろな質問をしてニーズを引き出すことが必要となりますが、その際注意すべきことは「直接的な質問は相手に警戒感を与えてしまうため避ける」ということです。どんなことでも良いので、お客様が話したくなるような話題を提供して、できる限り相手に話をしてもらいます（話題のネタについては「第3章お客様との会話のスキルを上げる」参照）。

そして、その話の中には自行庫の商品と合致するニーズが出てくることも少なくありません。話を引き出すことで、お客様のほうから「そういえばこんな商品ある？」と聞いてくれるケースはよくあります。

断り文句を言われた際に、諦めて引き下がるのは簡単ですが、「次にどうつなげるか」ということを意識するだけで、「断られたこと」が「次につながる仕込み」になってきます。

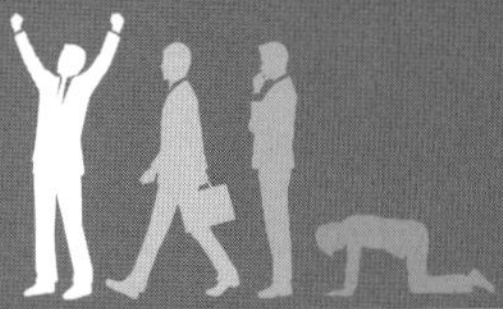

第4章

お客様のニーズをつかむ

こんな行動をしていませんか？

レストラン 岬野
社長 本日は お時間をいただき ありがとうございます
いや 構いませんよ
当行でもぜひ 御社のお役に立ちたいと思い お伺いさせていただきました 例えば 運転資金のニーズは ございませんか？
運転資金？

いや ウチは現金取引がメインだから
あまり運転資金は
発生しないわよ
えっ そうですか…
それでしたら
設備投資のご予定は
ありませんか?
設備投資も先日
新店舗を開いたばかりよ
その投資を終えたばかりで
すぐにあるわけないじゃない
そ…それでしたら
え〜と…
この銀行員はウチのこと
全然知らないようだわ
訪問前に 何も調べてきて
いないんだろうなぁ…

17 情報収集のための準備を行う

97ページで、「相手のニーズを聞き出す質問を用意し、会話の中にさりげなく潜り込ませることで必要な情報を聞き出せる」と述べました。

しかし、そういったニーズを集めるための質問は、その場その場で思いつくことは不可能です。何の脈絡もなくいきなり質問すると、その会話の不自然さに相手は警戒してしまいます。相手に警戒されずに必要な情報を聞くためには、自然な流れで会話をしなければいけません。

会話が不自然にならないようにするためには、あらかじめ訪問した際の話題を決めておく必要があります。つまり「情報収集のための準備」が必要なのです。

例えば、個人のお客様に対し預金を獲得すべく、他行庫にある預金の満期情報を聞きたいと思った場合、「他行庫に預けている預金はありますか?」とは直接聞きませんよね。

まず「どこの金融機関と取引しているのか」、次に「その金融機関とどういった取引をしているのか」、最後に「その金融機関に預けられている預金があるか」という手順で聞くことになると思います。

このように訪問前に「何を聞くのか」を明確にしておくことが、必要な情報を聞き出すためには必要なのです。

預金以外の目標については、以下のような質問を用意しておきましょう。

〈個人のお客様の場合〉

- **年金獲得…**生年月日の質問（取引開始時に当然聞いているはずですが、それを「年金情報」として把握していることが少ないため）
- **住宅ローンやリフォームローン…**新築・リフォームの予定
- **マイカーローン…**車検情報

〈法人のお客様の場合〉

- **事業性融資…**設備投資、採用、事業の動向といった情報

18

アンテナを高くし、お客様のニーズに近付く

お客様に喜んでもらえる提案は、渉外活動をするうえでとても効果的な武器になります。しかしその提案を行うには、お客様が何を欲しがっているのかというニーズを見極めることが必要です。

「社長、サッカー日本代表が大活躍ですね！」といった雑談をしているだけでは、お客様のニーズを見つけることはできません。

お客様のニーズを見つけるために必要なのは、自分の中の「アンテナ」を高くすること。何気ない会話の中にも、お客様のニーズにつながる断片的なひと言が含まれています。それについて質問を重ねることで、お客様のニーズに近付いていくことができるのです。

ここでは、アンテナを高くして、お客様のニーズに近付いていく方法を紹介していきます。

仮説を立てて情報提供し、情報の精度を上げていく

①情報を提供し続ける

お客様がどんな情報を欲しがっているか分からない段階では、「こんな情報を求めているのでは」と仮説を立てて情報を提供します。相手の反応を見て「この情報は求めていないな」と判断できれば、別の情報を提供します。これを繰り返すことで、相手が興味を持つ情報が何なのか見つけられます。そして、その関連情報を提供し続けることで有効な情報提供ができるのです。

最初からお客様が求める情報を提供できなくても、試行錯誤を繰り返すことで、興味を持つ情報提供の精度を上げられると同時に、お客様に「この担当者は一生懸命情報を提供してくれる」と良い印象を持ってもらえるというメリットもあります。

②キーワードを決めておく

会話をする際に、「この人からこんな情報を手に入れよう」とあらかじめ目的を持っ

ておくことで、その情報に関するキーワードに敏感になります。

あらかじめキーワードをいくつか決めておくだけで、いつもと同じ会話をしていても、お客様のニーズを見つけることができるのです。

例えば、「事業承継」についての情報を集めようと考えた場合、「相続」「後継者」「M&A」「株式」「財産」「古参社員」といったキーワードを決めておけば、その言葉が出た瞬間に反応することができます。そこから話を広げていけば、お客様のニーズにたどり着くというのはよくある話です。

アンテナを高めるためには訓練が必要ですので、普段からそういったキーワードを準備して、それを意識した会話を行ってください。

専門家を紹介できないかと考えながら話を聞く

③相手の役に立つ人を紹介する

「知識に関する情報」より、「人に関する情報」を伝えるほうがお客様（特に経営者）は喜びます。

「優秀な人を雇いたい」と考えている経営者に対して、優秀な人材を雇うノウハウを伝えるよりは、「優秀な人材を雇う方法をよく知っている専門家」を紹介すると、経営者は喜んでくれます。

「〇〇という専門家をこの社長に紹介したい」と考えて経営者の話を聞けば、普段は聞き流していた話にも反応することができます。

私が渉外担当者のとき、高校時代から仲の良い友人に久しぶりに会いました。彼の仕事は、相続問題専門の税理士でした。私の勤める支店の近くに事務所があったため、彼からは「相続に悩んでいるお客様がいたら紹介して」と頼まれました。

とても親しい友人だったので、何とかお客様を紹介したいと思いながら取引先を訪問しました。そこで驚くことに、ある経営者から「相続関係で困っている」という話が出たのです。

実は、以前にもその話は出ていたのですが、私自身よく分からない話だったので「それは大変ですね」と話を聞き流してしまっていました。自分に関係のない話だと思っていたのです。

あまりのタイミングの良さにびっくりしながら、「相続に詳しい税理士がいるのですがご紹介しましょうか?」と提案したところ、「ぜひお会いしたい」ということになり、結果として彼が取引先の悩みを解決してくれたのです。

そのときは取引先に本当に喜んでもらいましたが、経営者からは「以前、相続で悩んでいるという話をしたときは興味を持ってくれなかったのに…」と言われてしまいました。

渉外担当者は、「何を知っているか」よりも「誰を知っているか」のほうが重要です。

そのためにも、頼りになる士業やコンサルタントなどの専門家とのつながりを作っておくことをおすすめします。

19

ネットワークがアンテナを高くする

法人営業では、経営者の悩みを聞き、それを解決するお手伝いをすることで、融資案件だけでなく預金や預かり資産のニーズを引き出せることも少なくありません。

しかし、悩みを聞くためには、その悩みに応えられるだけの知識や経験がなければ会話が続きません。「中途半端に悩みを聞き、応えられずにほったらかしにするくらいなら、はじめから聞かないほうが危ない橋を渡らないで済む」——そう思っている担当者は多いのではないでしょうか。実は私もそうでした。

経営者の単なる「愚痴」だと思っていた話でも…

ある企業を訪問したときのことです。経営者から「東川くん、今の税理士の先生はあまり相談に乗ってくれないし、会社に来るのも事務員さんばかりなんだよ。今の税理士ってみんなそうなの？」と聞かれ、私はつい「あまりよくは知りませんが、そんな税理士さんが多いみたいですよ」と、税理士事情も分からないのに適当な返事をしてしまいました。

その日はそこで会話が終わったのですが、帰店後上司に「今日、○○社長が税理士の先生に対する愚痴を言っていました」と世間話をすると、上司の目が光り「その話を詳しく聞かせてみろ」と言われました。

私の話を聞いた上司はすぐに社長に電話をかけて「社長、最近税理士の先生が来てくれないみたいですね。私の知り合いにとてもフットワークの軽い税理士がいるのですが、一度話を聞いてみませんか？」と、知り合いの税理士を紹介したのです。

私は「愚痴」程度と思っていましたが、上司が話を聞いてみるとかなり不満を持っていたようで、税理士の変更を検討していたとのことでした。社長の悩みを迅速に解決したことでとても喜んでくださり、次のキャンペーンのときには多大な協力をしてもらうことができました。

同じ情報を聞いたにもかかわらず、私と上司の反応は大きく違いました。この差はどこにあったのか――「アンテナの高さ」はもちろんですが、「ネットワークの広さ」の違いが大きかったのです。

当時、私には税理士の知り合いはおろか、中小企業診断士・社会保険労務士・行政書士などの士業の知り合いは一人もいませんでした。そのため税理士の話を出されても「自分には関係のないこと」と思い、その程度の反応しかできませんでした。しかし、上司にはそういった士業の知り合いが数多くいたのです。

私の上司は、そういった士業の方々と情報交換をしていたため、彼らは何ができるのか、そして彼らがお客様のどんな悩みに応えられるのかという情報を持っていました。だからこそ、お客様の悩みに対するアンテナが高かったのです。

それだけでなく、士業のクライアントの多くが経営者ということもあり、逆に彼らから相談や紹介を受けることも少なくなかったわけです。

ネットワークを構築すると自然とアンテナが高くなる

上司がなぜあんなに新規のお客様を獲得し続けることができるのか、そのからくりを聞いた私は「士業とのネットワーク作り」を意識するようになりました。

まず行ったのは、取引先の士業の事務所に頻繁に顔を出し、先生と仲良くなることでした。そして、新規開拓活動も士業の事務所を中心に訪問することにしました。

特段、専門的な勉強をしなくても、様々な方とネットワークを構築し接触頻度を増やすだけで自然とアンテナが高くなり、必要な知識が身に付いていきます。

私は、金融機関の担当者が行うべきことは、お客様の悩みを解決することではなく、「お客様の悩みを解決する可能性のある人を紹介すること」だと思っています。金融機関の担当者が間に立つことで、お客様からも士業の方からも喜んでもらうことができるのです。

金融機関の担当者の中で、士業とのネットワークを構築できている人はあまりいないのではないでしょうか。だからこそ、他行庫に先駆けてネットワークを構築することで様々なチャンスが得られ、アンテナも自然と高くなって多くのお客様のニーズをつかめるようになります。ぜひ、士業とのネットワークの構築を図ってみてください。効果は高いです。

第5章

お客様との関係を築く

こんな行動をしていませんか?

本日は ぜひご提案したい
商品がありまして
お邪魔させていただきました
あら 何かしら
その前にお茶を入れるわね
娘が旅行先で買ってきた
新茶なのよ
ちょっと待っててね
お気遣いなく
どうぞ
ありがとうございます
明日は孫の運動会でね
私たちも応援に行くのよ
それは楽しみですね

さて 本日ご提案したい
商品なんですが…
………
新しい投資信託でして
高いリターンが期待できる
ものなんですよ
高いリターンねぇ
ぜひ詳しく説明
させてください
ウチには向かないから
説明はいらないわ
ズズ…
そ…
そうですか…

20 「気付き」と「行動」でお客様の心をつかむ

Trusted Person

私は「新規先獲得」が最も苦手でしたが、実はそれだけではありませんでした。「既存のお客様との良い関係づくり」も得意ではなかったのです。

元々、私には人の話を聞かないという悪癖があったため「相手が何を欲しているのか」「私にどんな役割を望んでいるのか」をつかむことができませんでした。言い換えると、「どうすればお客様は喜んでくれるのか」ということを想像（類推）することができなかったのです。

お客様が欲しいものを提供せず、自分の都合ばかりを言っていれば、「自分勝手なヤツ」だと思われ、当然、関係は悪化します。それに気付かず活動していたのですから、お客様の不満は溜まっていき、最後には「担当者を変えてほしい」という要望が私の上司にどんどん入っていきました。その当時、上司からは「君は感受性がない」などとよく言われたものです。

当時は、「自分以外はみな敵」「自分の身は自分で守るしかない」という偏った考え方をしており、独りよがりになりすぎていたため、上司や先輩・同僚からのアドバイスにもほとんど耳を傾けませんでした。

あるとき、自分のミスで支店の超VIPである取引先の経営者を、洒落にならないほど怒らせてしまいました。「東川をクビにしなければ、お宅との取引は打ち切る」とまで言っていました。

あまりの剣幕に恐れおののいてしまった私は、仕事に行くのが恐くなり、出社することができなくなってしまいました。

会社を1週間ほど欠勤（ズル休み）し、出た結論は「会社を辞めて責任をとるしかない」ということでした。

辞表を胸に出社したところ、当時の上司が「あのVIP社長の件やけどな、ちゃんと処理しといたから。社長も『言い過ぎた』と反省していたぞ。もう大丈夫だから、明日からまた一から頑張れ」と言ってくれたのです。

その時に初めて「自分の周りにいるのは敵じゃない。仲間なんだ」と考え方が変わり、人の話やアドバイス、意見を積極的に取り入れるようになりました。

そこから、お客様の要望に対してのアンテナが高まりました。そして「相手を喜ばせるにはどうしたらいいか」ということを考えるようになったのです。

その後、営業成績が順調に伸びていったのは、ここまで本書を読んでくださった方ならご存知のとおりです。

ここでは、お客様に喜ばれた「気づかい」や「行動」についていくつか具体的に紹介します。

すべての担当顧客に担当先飲食店の宣伝を行う

当時、私が担当していたお客様の業種は多岐にわたっており、製造業や卸売業、サービス業、ＩＴ関連業、小売業などの法人もあれば、個人事業主もいました。サラリーマンや主婦の方などの個人のお客様も担当していました。

その中で、焼き鳥店を経営しているお客様が、私の担当地区内で新たなお店を出すことになりました。もちろん、その資金は私が融資の稟議書を書いたので、取り扱う商品やサービス、コンセプト等はよく分かっていましたし、愛着もありました。お店には何度も食べに行っていたのでクオリティの高さも知っていました。担当者としては、新しいお店も流行ってほしいと思うのは当然です。そこで何か協力できることはないかと考えました。

そのときに行ったのが、「自分が担当しているすべてのお客様に、そのお店の素晴らしさを伝える」ということでした。

新店舗のチラシをもらってきて、「今度○○町に、△△という焼き鳥店がオープンします。担当しているから言うわけではありませんが、ここの焼き鳥は本当においしいのです。その日の朝にさばいたばかりの地鶏を使っているため新鮮で、弾力があり噛み心地がいいうえに、噛み締めると口の中いっぱいに肉汁が広がるんです。そして脂が甘く、30年かけて熟成させたタレとからまって、とても幸せな気持ちになれる焼き鳥なんです」と、そのお店がどれだけおいしいものを提供するのか、自分の言葉で宣伝していったのです。

すると多くのお客様が「おいしそうだね。一度行ってみるよ」と、実際に食べに行ってくれました。そして「東川さんからこのお店を教えてもらった」と店長に言ってもらえたようで、私の宣伝をとても喜んでもらえたのです。

また、ほかの担当先も「仕事とは関係なく、取引先の宣伝を一生懸命してくれる担当者だ」と評価してくれたようでした。

奥様の誕生日が近い経営者に取引先の花屋を紹介

もう1つ事例を紹介します。

私の担当先に、とてもセンスの良い花屋があったのですが、売上が下がっており、店長は何か良い手はないものかと悩んでいました。

当時の私は経営に関する深い知識もノウハウも持っていなかったため、そういった悩みに対して「こうすれば良いのではないでしょうか」とアドバイスをすることができませんでした。

私にできたのは、「私の担当先に○○という花屋がありますので、お花が必要なときはぜひ利用してみてください」と、担当している取引先にお願いすることだけでした。

そんなある日、別の取引先から「定期預金を作りたいから来てほしい」という連絡がありました。喜び勇んで訪問すると、定期預金は奥様に頼まれたとのこと。中込書はあらかじめ用意してくれており、内容を確かめたところ、2日後が奥様の誕生日だったのです。

そこで、経営者に「奥様、明後日が誕生日なんですね。何かプレゼントされるのですか？」と、世間話のつもりで聞いてみたところ「えっ、すっかり忘れていたわ。どうしよう」と慌ててしまいました。

そこで「担当先に花屋があるのですがご紹介しましょうか？　センスが良いと評判ですし、サービスもいいですよ」と言ったところ、「さっそく頼むよ」とお願いされました。

もちろん、花屋の経営者には「お客様を紹介してくれてありがとう」と喜んでもらえたのですが、それ以上に、紹介した取引先の経営者から「うちの家内がとても喜んでくれたよ。教えてくれて本当に助かったよ」と、感謝の言葉をもらったことが嬉しかったです。

私はその後、担当する既婚男性のお客様に対して、奥様の誕生日の1週間前に連絡をし、花屋の紹介をしていきました。意外と奥様の誕生日を忘れている人が多く、たくさんのお客様から感謝してもらえるようになりました。これをきっかけに、人間関係がとても深くなっていった気がします。

ここで紹介した事例は、いずれも「お客様を喜ばせたい」という思いが、結果として信頼獲得に結びついていったものです。ぜひ参考にして、お客様との距離を近付けてほしいと思います。

21

「再会力」を磨く

私は、なかなか成績が上がらず落ち込んでいたころ、上司や先輩から様々なアドバイスをもらいました。そしてそのアドバイスを積極的に活かすようにしてからは、どんどん成績が上がっていきました。後から考えてみると、今でも役立つ普遍的なアドバイスが多かったと思います。

そのアドバイスの1つが「再会力を高める」こと。ここで言う「再会力」とは、「お客様にもう一度会うための工夫をする力」のことです。

成績の上がらない当時の私が、その状況を打破するために必要だと考えたのは、「できる限りたくさんのお客様と出会うこと」でした。いろいろなお客様と出会う機会が多ければ多いほど、それだけチャンスが増えると思ったからです。

「会う人数を増やす」ことを目的としていたため、特に新規のお客様の開拓に力を入れていました。そのため、既存のお客様を訪問するのは月1回程度。それも、数分話したら、次のお客様に会いに行くということを繰り返していました。

そんな姿勢を見かねて、先輩が次のようにアドバイスしてくれました。

趣味の情報を提供するなどお客様に会う機会を作る

先輩「東川くんは1日に何先ぐらいのお客様を訪問しているの？」

私「不在先も含めると、既存先は15件ぐらいで、ほかの時間は新規先を訪問しています」

先輩「既存先は全部でどれくらい担当しているんだい？」

私「融資先が50件、預金先が200件くらいです」

先輩「融資先にはどれぐらいの頻度で通っている？」

私「大きい先なら週に1～2回、小さい先でも2週間に1～2回は行くようにしています。平均すると、大きい先には月4回、小さい先には月3回くらい訪問していますね」

先輩「融資先のうち、約半分が大きい先だと仮定すると、融資先への訪問回数は25件×4回＋25件×3回、延べ175回ぐらいだよね。1カ月に22日働くとして、既存先への訪問回数は15件×22日＝330回、そのうち、融資先に訪問しているのが175回だから、残りの155回が預金先への訪問だね」

私「はい、そのとおりです」

先輩「これだと既存の預金先は200件だから、1カ月の間、1回も行っていないところがあることになるね」

私「そうなります。でも、そうしないと多くの人に出会うチャンスを逃してしまうことになります。既存先からはこれ以上、そんなに成果が見込めませんし、新規開拓を行っていかなければ成績は上がりませんよ…」

先輩「既存先からこれ以上成果が見込めないなんて、何で分かるの？ すべてのお客様から必要がないって言われたの？」

私「いいえ、自分でそう思っているだけです」

先輩「もちろん、新規先を見つけていくことも大事だよ。でも、訪問しやすい既存先で成果を上げられる可能性がまだあるのに、新規開拓に重点を置いて活動するのはもったいないことだよ」

私「たしかにそうですね」

先輩「成果を上げていくコツは、『成果を上げやすいところから上げていく』ことだよ。新規先の場合、まずは『会ってもらえる関係』を作るところから始めないといけないよね。それよりは、すでに『会ってもらえる関係』のある既存先のほうが、何倍も訪問しやすいというのは分かるよね」

私「でも、用事もないのに訪問しても嫌がられるし、訪問しても何を話したらいいか分からないので会話も弾まなくて…。そんな中で成果を上げられるのでしょうか？」

先輩「人間は会う回数が増えれば増えるほど、相手に対し好意を感じるものだよ。1回会ったぐらいで契約はしてもらえないからね。何回も会うことが大事なんだ。そのために『会うための工夫』を考えるのが渉外担当者の仕事だよ」

私「『会うための工夫』というのは、具体的にはどういうことですか？」

先輩「ベタな例だけど、『相手の趣味を聞く』っていうのはどうかな？　関連する情報や資料を持っていくというきっかけができるよ。『前に韓流ドラマが好きだとおっしゃっていましたが、インターネットで最新情報が出ていたので印刷してきました』と言って持っていってごらん。それだけで話が弾むし、その後はきっと、用事なしで訪問しても歓迎してくれるよ」

私「そんな話題でいいんですね」

先輩「そう。大事なのは、『まずはこちらから与える』ってこと。人間は〝借り〟ができたら返したいという欲求が出てくるものだから、まず何かしらの〝貸し〟を作ることで、会う機会はたくさん作れるよ」

私「なるほど。まずは与える、ですか。情報だったら、簡単に手に入れることができますもんね」

先輩「こうやって、次に訪問するためのネタを仕込む力や、ネタを見つけてくる力を〝再会力〟っていうんだ。少し考えるだけでネタはたくさん出てくるし、ほかで使ったネタでも別の角度で見ることでバリエーションが増えていく。それに、それだけ会うことができれば、他の金融機関の担当者よりも仲良くなれるから、情報も集まるしお願いもしやすくなるしね」

会う回数が増えれば案件情報は次々と集まる

先輩からのこのアドバイスを基に、既存のお客様への訪問回数を増やした結果、成果が飛躍的に増えました。

最初はなかなか慣れずに苦労しましたが、「再会するためのネタ」を自分で考えるだけでなく、先輩や同僚に聞いたり、一緒に考えてもらったりしたおかげで、多くのネタが集まりました。そのかいあって、既存のお客様を何度も訪問することに成功しました。

そこで分かったのは、「既存のお客様の資産は、すでにすべて預かっている」という考えが、単なる思い込みであったということです。

会う回数が増えるごとに、仲良くなったお客様から「他行に満期になる定期預金があるんだけど」「うちの奥さんが投資信託に興味があるみたいなんだけど…」といった、成果につながる情報が次々と飛び込んでくるようになりました。

「再会力」を磨くだけで、既存先からの成果をもっと上げることができます。これは間違いありません。「既存先からはもう成果は見込めない」と思い込んでいる方こそ、もう一度「再会力」を磨いてみてください。

22

成果を上げられないのには理由がある

Trusted Person

足繁くお客様のところに通い、やっと「預金をお願いします」と言える関係ができたと思ったのに、実際にお願いしたところ「ごめんね。もうほかの銀行に預けてしまった」と言われてしまう――。こうした経験をしたことがある人は多いのではないでしょうか。私もこうした経験をしたのは、一度や二度ではありません。目の前で、とんびに油揚げをさらわれたようなもので、悔しい思いをしたものです。

実は、このようにあと一歩のところで成果を逃してしまうのには、ちゃんと理由があります。

信頼関係は「お客様をどれだけ知っているか」で測れる

理由1▼お客様との信頼関係を構築できていない

自分では、お客様と良い関係が構築できていると思っていても、お客様側が信頼してくれていないことはよくあります。

私も「たくさん会話ができているから、良い関係が築けているはずだ」と思っていたお客様に、後で本当に仲良くなったときに以前のことを聞いたところ、「あのときはあまり信頼していなかったよ」と言われたことがあります。

お客様との信頼関係ができているかは、「お客様のことをどれだけ知っているか」ということで測れます。担当先のリストを手に、それぞれのお客様について知っていることを箇条書きしていき、20個以上挙げられないようであれば「信頼関係はできていない」と認識するべきでしょう。

そうした場合には、訪問の際、お客様の話にできる限り耳を傾ける姿勢をとることが重要です。金融機関は、お客様の大切なお金を扱う仕事をしているのですから、お客様との信頼関係が築けていなければ、情報を提供してくれたり、相談してもらえたりしません。まずは徹底的にお客様の話を聞き、信頼関係を構築することが必要です。それができて初めて、選ばれる渉外担当者となることができるのです。

属性に合わせたニーズをあらかじめ把握しておく

理由2▼お客様のニーズを把握していない

お客様が欲しているものがあり、それを適切なタイミングで提案できれば成果につながります。しかし、お客様が「○○の情報が欲しい」というシグナルを発しているにもかかわらず、成果を焦るあまりに、そのシグナルを見逃しているケースは少なくありません。

私がカードローンのキャンペーンの数字を上げようとしていたときの話です。目標を達成するため、担当先のお客様に対して「カードローンの契約をお願いできませんか」と、お願いばかりしていました。お客様の一人が、「カードローンではなく事業用の融資を考えているのだけれど」と、要望をはっきりと言ってくれていたのにもかかわらず、「300万円までならカードローンでも対応できますよ」と、強引に融資ではなくカードローンをすすめてしまいました。

しばらくして、そのお客様を訪問した際に「前に言っていた融資の件だけど、別の金融機関でお願いしたからもういいよ。いくらノルマがきついとはいえ、こちらの要望をちゃんと聞いてもらえないような担当者とは付き合えないからね」と出入り禁止になってしまいました。

目先のキャンペーンに惑わされず、きちんとお客様のニーズをキャッチできていれば、融資案件を一つ獲得できていただけに、とてももったいないことをしてしまいました。

お客様の属性によってニーズは異なります。企業経営者のニーズと従業員のニーズは違いますし、年金暮らしをしているシニアのニーズと、子どもが生まれたばかりの主婦のニーズも当然違います。経営者は事業性資金への融資ニーズが高いですし、従業員にとっては「住宅ローン」「生活資金」「教育ローン」といったニーズが多いでしょう。

あらかじめ、属性に合わせたニーズを把握しておくことで、キャンペーン中であってもそれに惑わされず、正確な顧客ニーズの収集を行うことができるようになります。お客様のニーズを把握せず、自分の都合だけを押しつけてくる渉外担当者を信頼するお客様はいません。

どれだけ競合相手がいたとしても、お客様が選ぶのは、そのニーズに的確に応える渉外担当者なのです。

23

お客様に貢献する

前項で、「信頼関係が築けているかどうかはお客様をどれだけ知っているか」であり、その実現のためには「徹底的にお客様の話を聞く必要がある」ということをお伝えしました。

お客様に積極的に話をしてもらう手っ取り早い方法は、「質問すること」です。しかし、一方的な質問ばかりでは、相手は「尋問されている」と感じ、不快感を持ってしまいます。質問をするにも、それを受け入れてもらえる雰囲気を作らなければいけません。

そのために効果的なのが「貢献する」という方法です。

「情報の提供」の積み重ねで相手との距離を縮めていく

では、具体的にどうすれば貢献できるのでしょうか。

あまり大きな貢献だと、相手に過度な心理的負担をかけてしまいます。あまり負担を感じさせずに「借り」を意識してもらうのに有効なのが「情報の提供」です。

「相手のことをよく分かっていないので、どんな情報を提供すればよいか分からない」と思うかもしれませんが、最初に提供するのはどんな情報でもよいのです。

最初は、相手が欲しがっていない情報であったとしても、「私はあなたに貢献（情報を提供）しようとしています」という姿勢が伝わればそれでＯＫ。あなたの誠意は伝わります。

その誠意の積み重ねにより、少しずつ相手との距離が近付いてきます。通うたびに情報を提供することで、相手から情報を引き出すことができるようになりますし、その情報をもとに相手が本当に欲しがっている情報を把握することもできるようになります。

例えば、相手が女性であれば、近所の「スイーツのおいしいお店」の情報を伝えてあげれば喜ぶかもしれません。その情報で喜ばなければ、「このお客様は甘いものが嫌いなのだろうか」という仮説を立て、次は「おいしいレストラン」「おいしい居酒屋」の情報を提供してみることで、相手が欲しい情報にヒットすることもあります。

お客様の嗜好を把握することができれば、会話のイニシアティブをとるのはそう難しくありません。例えば「地域のグルメマップ」という手作りの資料を作ることで、話題にできますし会話も弾むでしょう。

ダイレクトに聞くことで成果につながる情報を把握

情報を提供し続けることで相手との信頼関係が構築できてから、はじめて「成果につながる情報」を聞き出すよう意識しましょう。預金や預かり資産の成果を上げるためには「他行庫の定期預金の満期」情報を手に入れるのが重要ですが、いきなり「他行さんに預けられている預金はありますか？」と聞いても答えてもらえません。

しかし、こちらが貢献し続け、相手がその貢献に満足しているならば、ダイレクトな質問にも答えてくれるようになります。いくら仲良くなっても、聞かれていないのに自ら満期情報を伝えるお客様はめったにいません。でも、聞かれたら答えてくれるのです。

だからこそ、自分の成果につながる「情報ネタ」を積極的に収集するためには、「ダイレクトに聞く」という行為が必要なのです。信頼関係が築けたら、「厚かましいのでは」などと思わず、率直に尋ねてみてください。きっと答えてくれると思いますよ。

24

「どうやって貢献するか」を事前に考えておく

Trusted Person

先日、私の会社が取引している金融機関の担当者が代わり、新任担当者が挨拶に来ました。前任の担当者は引継ぎをせずに退職したようで、新任担当者から「3月末に退職した」という旨を聞くことになりました。

前任担当者は、初めて会ったときから「預金をお願いできませんか?」「カードローンを作ってもらえませんか?」と、信頼関係もできていないのにお願いばかりしてきた人でした。私も元渉外担当者なので、一生懸命な担当者には協力したい気持ちはあるのですが、そのときは「その姿勢はまずいのではないでしょうか」と意見してしまいました。

そのことがあったからなのかは分かりませんが、その後ほとんど来なくなり、いつの間にか退職してしまったようです。

自分が貢献できることを相手に伝える

前任担当者のせいで、その金融機関に対する印象は悪くなっていたのですが、新たに訪ねてきた担当者がとても素晴らしかったのです。

その新任担当者は、自分が悪いわけではないのに、前任担当者が退職の挨拶に来なかったことをまず謝罪し、「御社に対して、何か私が貢献できることはありませんか？」と聞いてきました。

もちろん、その担当者はインターネットや行内にある資料に目を通し、私の会社のことをしっかりと調べてきていました。そのうえで「例えば、○○や△△といったことなら御社に貢献できると思います」と伝えてきたのです。そこから会話が盛り上がり、担当者が帰るときには、頼まれたわけでもないのに取引の契約をしていました。

相手に喜んでもらえることをあらかじめ考えておく

渉外担当者が取引先に貢献できることはたくさんあります。法人のお客様であれば

「資金供給」「経営に関するアドバイス」「仕入先・販売先の紹介」「情報提供」「フットワークの良い対応」など。個人のお客様であれば「近隣のお店の情報」「相手の趣味に関する情報」「資産運用に関する相談」「人の紹介」などがあります。

大事なのは「相手にどうやって貢献できるのか」をあらかじめ考えておくことです。その場の会話から、すぐに貢献できることを見つけ出すのは容易ではありません。事前に「この人にはこういった貢献をすれば喜んでもらえるのでは」といった予測を立てておき、訪問時に投げかけてみるのです。

私の会社では、税理士や司法書士などの士業の方々と提携して仕事をすることがよくあります。前述した新任担当者は、弊社のホームページを見てそのことを把握していました。

そして会話の中で、「御社は士業の方々とのお付き合いを重視していると思うのですが、私は前の支店で多くの税理士や司法書士の方と仲良くさせていただきました。よろしければ、そういった士業の方々をご紹介させていただけませんか？」と話してくれたのです。

「私の会社のことをよく調べ、役に立つようなことを考えてくれている」ということが嬉しくて、初対面にもかかわらず契約することになりました。

「貢献できることリスト」で渉外活動を効率化

取引先に貢献するための準備としては、まず「貢献できることリスト」を作ることをおすすめします。

リストに書くべきことは「お客様名」「お客様が興味を持ちそうなこと」「貢献できること」の3つだけでOKです。

「お客様が興味を持ちそうなこと」については、あらかじめインターネットやフェイスブックなどで相手のことを調べて記入します。

インターネットで情報を入手できない場合もありますが、法人なら、何らかの情報を手に入れることができる可能性は高いです。その内容をもとに相手に貢献できることを予想し、リストの「貢献できること」の欄に書き込みます。

「訪問予定表」を作成する際に、このリストを見て、貢献できそうなことを再確認。そのうえで、訪問時に「私はあなた（御社）に○○で貢献できると思います。遠慮なくお申し付けください」と言うだけで、相手との距離はぐっと近くなります。このリストを作るには少し時間がかかりますが、一度作ると渉外活動がとても楽になります。

25 お客様との距離を縮めるには

「お客様と雑談ができるまでの関係を築くことができたが、そこからもう一歩仲良くなるにはどうしたらいいのか」――。これも、若手の渉外担当者からよく受ける相談の1つです。

お客様との距離を近付けるためのポイントは2つあります。

1つ目は「お客様の話を徹底的に聞くこと」。そうすることで、お客様がどういう人なのか分かりますし、お客様が好みそうな話題は何かをつかむこともできます。

もう1つは「自分のことを知ってもらい、共感してもらう」こと。自分がどういう素性のどんな人間なのか、どのような思いで仕事をしているのかを伝えることで、自分の「人となり」を知ってもらうことができます。

ただし、こちらから一方的に自分のことを伝えるだけでは、「そうなのね」と頷かれるだけで終わってしまい、会話が広がりません。大事なことは、自分に対して共感してもらうことです。それができたら、お客様との距離は一気に近付き、どんどん会話が広がっていくはずです。

お客様との共通点を見つけ、その話題を広げていく

共感してもらうために一番手っ取り早いのは、自分とお客様との共通点を見つけること。共通点があれば、その話題を広げるだけで会話は盛り上がります。

私は当時、カードローンの取引をしてもらいたくて、ある経営者のもとを何度も訪問していました。しかし、会って話をすることはできても、そこからなかなか進展しない状況でした。

あるとき、雑談の中で大学の話が出ました。経営者の出身大学を知らなかったので何気なく質問すると、私と同じ大学・同じ学部を出ていました。そこから高校の話になり、私も経営者も同じ付属高校に通っていて、なんと担任の先生まで同じだったのです。しばらく先生の話で盛り上がり、帰るころには、「後輩やったら仕方ないなぁ。少しでい

いなら協力してあげるから、今度書類持っておいで」と言ってくれたのでした。

これは本当に幸運が重なり、成果を獲得することができた例ですが、そこで私が気付いたのは「何か共通点があったり、自分に共感してもらえる点があったりすれば、相手との距離は近くなる」ということでした。

出身校や趣味・スポーツなど共通点を探す質問を

それから私は、お客様との共通点や共感してもらえることを見つけるために質問を用意しました。

当時、私は20歳代半ばでしたので、例えば自分の父親と同じ世代の男性のお客様に対しては「父が今度勤続30年を迎えるのです。何かプレゼントをしたいと思っているのですが、喜んでもらえるものって何ですかね」と聞きました。

これは「あなたの子どもと同じ世代です」という共通点をアピールすることが目的だったのですが、お客様は真剣にプレゼントを考えてくれました。

そのアイデアをもとにプレゼントを選んで渡したところ、父はいたく喜んでくれました。お客様にそのことを報告すると非常に喜んでくれ、そこからとても可愛がってもらえるようになり、多くの契約をいただけるようになったのです。

30歳代半ばの女性には「今度いとこが結婚するのですが、結婚祝いに何をプレゼントすれば良いでしょうか」と聞くことで、お客様が結婚したときの話を聞くことができ、話が盛り上がりました。

それ以外にも、「出身校」「出身地」「知り合い」「趣味」「スポーツ経験」「応援しているスポーツチーム」といった共通点を探す質問を多く投げかけました。

お客様との距離を縮めたいと思っているのなら、まずは相手の年代や性別、職種・業種などに応じた「共通点を見つける質問」や「共感してもらえる質問」をあらかじめ準備し、渉外活動に臨んでみてください。きっと今までよりも何倍もお客様と仲良くなることができるはずです。

26

若い二代目、三代目経営者との関係を築く

　長年取引している融資先が世代交代し、長男が新社長に就任したのだが、その新社長とコミュニケーションがうまく取れず、「金利の低い他行庫に借り換えようと思っている」と言われてしまった——。ある金融機関の渉外担当者からこんな話を聞きました。

　経営者の子どもに会社を継がせるというのは、日本の中小企業において最も多い事業承継のパターンです。そして、中小企業の経営者の平均年齢が60歳近くまで上がってきた現在、多くの会社が若い社長へと代替わりしています。

　会社を起こし、長年経営を行ってきた先代社長は、多少のことでは「取引金融機関を変更する」ということはありませんでした。なぜなら「苦しいときにいろいろと助けてくれて、支え続けてくれた」という思いが強く、苦楽を共にしてくれた金融機関との関係性を大切にしてくれていたからです。

若い新社長は過去よりも現在のメリットを重視する

しかし、後継者である若い新任経営者には、そういった先代の思いが伝わっていないことも少なくありません。「昔はあの金融機関にとてもお世話になった」ということを聞いていたとしても、「でも、いまはあまり手厚いサポートをしてくれていない」と考えている場合もあります。新任経営者の多くは、「義理人情」より「経済的合理性」を、「過去」よりも「現在・未来」を優先します。「昔お世話になった」としても、いまメリットを感じなければ、よりメリットを与えてくれる金融機関に変更しようと考えます。

金融機関側が「いままでの取引の歴史」を重視しているのに対し、新任経営者が「これからのメリット」を重視しているため論点がかみ合わず、コミュニケーションが取れないことが多いのです。

従業員やインターネットの情報から「人となり」を知る

先代経営者のときは、長く取引をしてきた中で「何を一番大事にしているのか」「どんな性格なのか」「どんな考え方をしているのか」「何を金融機関に望んでいるのか」というような、経営者に関する情報をたくさん得られました。だからこそ、「何を話せばよいのか」ということがよく分かっており、コミュニケーションを円滑に取ることができました。

しかし、新任経営者に関してはそういった情報がないことも少なくありません。相手の情報や考えていることが分からないのですから、相手に気に入られるようなコミュニケーションを取れるわけがありませんし、人間関係を構築することも難しいでしょう。

人間関係を構築するためには、新任社長の情報を集めることから始めましょう。その企業に、話ができる従業員がいれば、新任経営者について「どういう人なのか」「性格・考え方」「大事にしていること・もの」といった「人となり」に関する話を聞きます。もし可能であれば、「好み・自慢にしていること・趣味」など、プライベートに関する情報も収集します。

従業員から聞くだけでなく、インターネットでも情報を調べてみましょう。SNSに登録していれば、多くの情報を手に入れることができます。SNSをやっていなくても、名前を検索するだけで思ってもみなかったような貴重な情報が手に入るかもしれません。

こうして集めた情報を基にすれば、相手に気に入られるようなコミュニケーションが取れるようになるはずです。

新任経営者の考えを聞くことで次の提案に

このような準備をしたうえで、「社長が望むようなことで貢献したいので、一度ゆっくりお話を聞かせていただく時間をとっていただけませんでしょうか」と面談を申し込みましょう。

その面談では事前に収集した情報を駆使して、経営者が気分よく話せる雰囲気を作り、徹底的に話を引き出します。気分よく話してもらうことができれば、コミュニケーションもうまく取れるようになっていきますし、次のアポイントも取りやすくなります。

何よりも、経営者本人から直接考えを聞くことで「何を求めているのか」を知ることができるため、自分たちが提供できるものが何なのかをつかむことができます。

次の面談でそれを提案できれば、「取引を続けておくべき金融機関」として認識してもらえ、より良いコミュニケーションが取れるようになります。

27 専門家と知り合いになるには

114ページで、「『専門家を紹介できないか』という姿勢で話を聞くと取引先の悩みに対する感度が上がる」とお伝えしました。しかし、お客様から悩みをうまく引き出せたとしても、その悩みを解決できる士業やコンサルタントなどの専門家の知り合いがいなければ話になりません。

専門家と知り合いになれば「お客様に紹介する」というメリットだけでなく、「お客様から相談を受けたらすぐ対応できる」「顧客を紹介してもらえる」「渉外活動を行ううえでのヒントをもらえる」「支店での勉強会に協力してもらえる」と、たくさんのメリットがあります。

とはいえ、専門家と知り合いになりたくても、専門家のほうから支店を訪ねてくることは稀であるため、そう簡単に知り合いにはなれません。そこで、自らの「武器」となり得る「専門家の知り合い」を手に入れるにはどうすべきかについて説明します。

専門家側も「金融機関と知り合いになりたい」と考えている

私が渉外担当者だったとき、お客様から「至急、税理士を紹介してほしい」という依頼を受けました。しかし、当時の私には紹介できるような税理士の知り合いはいませんでした。役席や支店長に相談しても、二人とも懇意にしている税理士はいないとのことでした。

仕方なく、私は支店の取引先に税理士がいないか調べました。すると10名以上の税理士がいたのです。その中から、できる限り自分に年の近い先生を選んで訪ねました。いきなり訪問したので、その先生は最初戸惑っていましたが、「取引先から至急税理士の先生を紹介してほしいと言われたのですが、紹介できるような税理士の知り合いがいないため、わらにもすがる思いで、私どもと取引のある先生を訪ねてきました。取引先へ一緒に行ってもらえませんか」とお願いしたところ、快諾していただき何とか事なきを得ました。

これを境に、その先生と仲良くなり、いろいろと情報交換を行うようになりました。

その際、その先生に言われたのが、「税理士は金融機関と仲良くしたいと思っているんだよ。金融機関と上手に付き合っている税理士は、いろいろと仕事をもらっているんだろうと思っているからね。でも、金融機関とどう関係を作ればよいか分からなかったんだ」ということでした。

その先生からは顧問先も紹介してもらうことができ、専門家と知り合いになることはメリットが多いということに改めて気付きました。そして、以前リストアップしたほかの税理士事務所も訪ねて行き、より深い取引につなげていったのです。

お客様を紹介してもらえる信頼関係を築く

私の場合は、たまたま「取引先を紹介したい」と言って訪問したので、1回目から受け入れてくれましたが、普通はそんなに都合良くいきません。相手が金融機関と良い関係を築きたいと思っていても、その入り口となる渉外担当者のことは簡単には信頼することができないからです。

私の事務所にも、多くの渉外担当者が来ます。しかし、ほとんどの担当者が2回目の訪問をしてくれません。私は経営コンサルタントという仕事柄、紹介できる案件を多く持っていますが、若い渉外担当者は初回訪問でそのことを把握できないため、「見込みなし」と判断したのでしょう。1回の訪問で見切りをつけるのはもったいないことです。専門家が、1回や2回しか会ったことのない担当者に、自分のお客様を紹介することは絶対にありません。信頼関係を構築するのであれば、最低4回は事務所に通うべきです。

少ない訪問回数では良好な関係を構築できないのは、どの職業でも同じです。ましてや、ほかの業種よりもお客様を紹介してくれる可能性が高い専門家が相手であれば、見切りをつけるにしても時間をもう少しかけるべきだと思います。

ただし、闇雲に専門家を訪ねるより、効率的に専門家と知り合いになれる方法があります。以下に4つのポイントを紹介するので参考にしてください。

①事務所を開設したばかりの専門家が狙い目（相手も地元のネットワークが欲しいと思っている）

②若い専門家は取引を始めてもらいやすい（①と同じ理由）
③専門家が主催する勉強会に参加する（金融機関の行職員はとても重宝してもらえる）
④専門家が多く参加する異業種交流会やセミナーに積極的に参加する（多くの専門家と知り合いになる機会が増える）

すぐに成果にはつながらないこともありますが、多くの専門家と知り合っておくと、ゆっくりでも、確実に成果につながってきます。ぜひ、専門家の開拓を積極的に行ってください。

28

解約を防ぎ、継続率を高めるお客様との接し方

Trusted Person

渉外担当者にとって、新規契約の獲得以上に大事なのが、既存契約を継続してもらうことです。例えば、新規の定期預金を獲得しても、同額の定期預金を解約されると数字の上では何もなかったことになってしまいます。

新規契約を獲得するコストと既存契約を継続してもらうコストを比較した場合、新規契約獲得は、既存契約を継続してもらうのに比べ5倍以上のコストがかかるそうです。

だからこそ、既存契約の継続率を低下させないことはとても重要なのです。

「資金が少しでも残るなら継続してほしい」と一言添える

定期預金が解約される理由は、大きく次の2つ。

①お客様が急に資金が必要になった

この場合は解約されても仕方がない面があります。しかしこのとき、担当者としてどのように行動し、その後につなげていくかが重要になります。

例えば、次の例のようにあっさり解約を承諾してはいませんか？

お客様「悪いけど、満期になったからこの定期預金を解約したいんだ」

担当者「承知しました。それでは通帳をお預かりいたします」

もちろん、解約を阻止しろと言いたいわけではありません。そうではなく、解約時に少しでも預金を残してもらえるよう交渉をしているかどうかが問題なのです。

例えば、前述の会話例のように解約を頼まれた際は「承知しました。ところでこの資金、全額すぐにお使いになりますか？　もし少しでも残るようでしたら、継続していただけると嬉しいのです」という一言を添えるだけで、減額はするものの継続してくれるお客様は少なくありません。

お客様の中には、定期預金を解約することについて、担当者に対し後ろめたい気持ちを持っている人もいます。そのときに「なぜ解約されるのですか？」と聞いてしまうと、「うっとうしい担当者」と思われて印象が悪くなります。

何も聞かずに解約に応じ、「お金が残るなら、少しでも継続してくれたら嬉しい」と伝えれば、担当者を喜ばせるために継続をしてくれるはずです。

解約を力ずくで止めるのは、百害あって一利なし。まずは解約に応じ、一旦その話が終わった後に、別のお願いをするというのが理想的な応対になります。

契約後も、契約前と同じ頻度で接触する

②他行庫に預け替えたい

これは、担当者の対応に不満があることから起こります。その不満の大部分は、コミュニケーション不足によるものです。

担当者の中には、契約、もしくは継続してもらった後、そのお客様への訪問回数が減っているという人も多いのではないでしょうか。

「契約するまでは足繁く通っていたのに、契約後はあまり顔を出さなくなった」という不満をよく耳にします。

お客様は、担当者からないがしろにされることについて敏感なので、そういった態度の変化にはすぐに気付きます。その不満を解消しないまま時間が経つと、不満はどんど

ん増幅していき、次の満期時に解約されてしまうのです。

契約に至るまでの接触も重要ですが、より重要なのは、契約後の接触です。契約した瞬間から、次の継続について意識しなければいけません。契約してもらうために、今まで月に2～3回訪問していたなら、契約後も同じ回数で接触していかなければお客様の不満が大きくなります。

しかし、すべてのお客様に対し何度も訪問できるわけではないので、不満を増幅させない工夫をする必要があります。

手紙や電話で相手と接触することを意識

大事なのは、お客様に「自分を蔑ろにしている」という気持ちを持たれないことです。「お礼の手紙を送る」「定期的にはがきを送る」「電話で話す」といったことを組み合わせることで、訪問せずともお客様と接触することができます。

つまり、「いつも自分の存在を意識させる工夫をしておく」ことが必要なのです。手紙やはがきなどは手間のかかる作業ではありますが、文面をあらかじめ作っておいたり、絵はがきを事前に準備しておいたりすることで、ルーティンワークとして作業を行えるようになります。

この接触のルーティンを作ることができれば、継続率は自動的に高まり、別の契約をもらえる確率も高まります。

第6章

渉外活動を効率化する

こんな行動をしていませんか?

ただいま
戻りました
杉下くん
うまくいったかい？
いえ 残念ながら
ダメでした
社長が不在だったり
間に合っていると
言われたりして
でも断られて
当たり前！
明日は東エリアの
企業を回ろうと
思います
う〜ん 訪問件数重視で
手当たり次第に回っても
難しいんじゃないかな
え？

訪問時のシミュレーションを行う

私は現在、いくつかの金融機関で、入社1～5年目の若手渉外担当者に対する「営業研修」をしています。

研修の初めに「今一番悩んでいることは？」と聞くと、どこでもだいたい同じような悩みが挙がります。悩みのトップ5は以下のとおり。

1. 訪問件数が上がらない

2. 訪問先（特に事業先）で、何を話せばいいのか分からない

3. 新規先の獲得方法が分からない

4. 新規先に再訪問するときの話題に困っている

5. 情報収集がうまくできない

実は私も、若手渉外担当者だったときの一番の悩みは、「いかに訪問件数を上げるか」でした。

限られた訪問時間でも成果を上げられる理由

当時の私は、成果につなげるには、集金先以外の1先あたりの有効面談時間は最低20分（移動時間5分含む）、1カ月あたりの面談回数は1先につき3回は必要だと考えていました。

朝9時に支店を出て、夕方5時まで外回り。昼食で1時間、集金業務に付随した店内事務作業（営業時間内の入金業務等）を1時間とったとしても、渉外活動ができる時間は6時間（360分）。1カ月に22日働けるとして、1カ月間の総渉外活動時間は132時間（7920分）です。

担当先が120件でしたので、すべての取引先に対して1カ月に3回ずつ会うとすると、月に360回の訪問が必要になります。

1回あたりの有効面談時間を20分とすると、物理的には1カ月に396回訪問できる計算になりますから時間はあります。しかし実際には、既存先からの突然の呼出や定期的な集金等もあるため、成果を上げるための訪問活動に充てる時間をあまり確保することができずに、獲得目標の達成が難しくなってしまっていました。

そこで私は、「訪問件数を上げるためにはどうすればいいか」ということを考えました。

優秀な先輩は、私よりも担当先数が多いにもかかわらず、まんべんなくすべての担当先を訪問し、成果を上げていました。そこで先輩に「たくさんのお客様を担当していたら、いろいろと雑事も言われて訪問活動の時間が限られると思うのですが、先輩はなぜそんなに成果を上げることができているのですか？」と質問したのです。

以下、そのときの先輩と私の会話を再現しながら効果的な訪問活動について説明したいと思います。

訪問件数を上げることを目的にしてはいけない

先輩　「いいか、東川。俺の担当地区って結構広いだろ。それに資産家がいるわけでも、大きな企業があるわけでもない。それでも、預金や融資の成果を上げることができるのは、お客様と〝濃いお付き合い〟をしているからなんだ」

私　「濃いお付き合いをするといっても、できるだけ長い時間会わないと関係を深めることはできないですよね。だとしたら、なおさら時間が足りなくなるんじゃないですか？」

先輩　「そんなことはない。もう一度考えてみろよ。何のためにお客様のところを訪問するのかということを」

「訪問する」＝「仲良くなる」＝「関係性が深くなる」と考え、訪問件数を上げることが一番大事だと思っていた私は、先輩の言っていることがなかなか理解できませんでした。

しかし、よくよく自分の行動を振り返ってみると、「会うだけは会っているが、中身のない会話しかしていない」「お願いばかりしていて、相手の話をよく聞いていない」「訪問件数は多いにもかかわらず、訪問日誌に書くべき情報が集まっていない」ということに気付いたのです。

そこから得た結論は、お客様のところを訪問する目的は「良好な関係の構築と情報収集」であり、訪問件数を上げること自体が目的ではない、ということでした。私は、早速それを先輩に報告しました。

私　「私は、お客様のもとを訪問する目的を勘違いしていたのですね」

先輩　「そうだ。大事なのは、訪問件数を上げることではなくて、お客様と〝良い関係を作る〟ことなんだ。そのためには、必ずしも頻繁に会うことだけが有効とは限らない。少ない回数や短い時間でも関係性を深めることはできるんだ。お客様のもとを訪問するときに、どれだけの準備ができているかということが重要なんだよ。訪問予定表は、どれくらいの時間をかけて書いているんだ？」

私　「だいたい15分ぐらいです。その日の朝に、訪問予定先の名前と、予定時間を書くぐらいです」

先輩　「それじゃあ、お客様のところでどんな話をするのか細かく決めていないんだな」

私　「はい。訪問してその日の流れでお話ししています」

先輩　「それを行き当たりばったりと言うんだよ。『今日はこのお客様のところで、こんな情報を持って帰ってくるぞ』『関係性を高めるためにこんな会話をしよう』というシミュレーションを事前に行い、成果を上げるための戦略を考えて訪問をしないと、何の成果も得られないことになるぞ」

私「そうだったんですか…」

先輩「そのためには、前日に訪問予定表を1時間ぐらいかけて作る必要がある。そして、その訪問予定表に『訪問目的』『聞くべき質問』『話すべき内容』を具体的に書くことで、訪問したときの会話はガラッと変わるはずだ。今日から、翌日の訪問予定表を1時間かけて作ってみろ。俺がチェックしてやるから」

訪問件数を減らしても成果は上げられる

それから、毎日1時間かけて訪問予定表を作ることで、お客様との会話がスムーズになり、苦手意識があった取引先とも良い関係が作れるようになりました。

また、「目的」を具体的にすることで、単純集金先であってもその作業だけで終わらせず、情報収集を行う、家族名義の取引をお願いするといった依頼等も一緒に行うようにしました。すると短期間で成果が伸びてきました。

そして、「必ずしも訪問しなければいけないわけではない」ということに気付いたのです。情報提供の電話やご機嫌伺いの手書きの手紙のほうが喜ばれることもあることに気付いたことで、訪問件数を減らしながら成果を上げることができました。

訪問予定表を1時間かけて書くのはなかなか手間がかかりますが、その1時間を使うだけで、翌日の訪問効率は格段に高まり、結果的に2～3時間も節約になるということを体験しました。

ぜひ訪問予定表の作成には時間をかけてください。前日に紙上で訪問のシミュレーションをするだけで、驚くべき成果が出ますから。

30 いつ、何をすべきなのかを把握する

私も金融機関で渉外を担当していたときは、皆さんと同じようにいろいろな仕事を抱えていました。

預金の獲得や融資先の開拓、預金先へのアフターフォロー、定期積金の集金、既存先への融資案件の提案、諸々のお届け物、婦人会旅行の案内、若手経営者勉強会の企画立案・運営・募集――。それに加えて、金融機関が投資信託を扱い始めたばかりの頃だったため、投資信託に関する資格取得の勉強や販売におけるセールストークの構築もしていました。とにかくやるべきことが多すぎて、何から手をつけたらいいのか分からないような毎日が続いていました。

そのため、何をやっても中途半端になってしまい、思うような行動が取れませんでした。やらなければいけない仕事が多すぎるのに時間が足りず、モチベーションもどんどん下がっていってしまったのです。「これではいけない」と考えた私は、先輩に相談す

ることにしました。

「しなくてはいけないこと」を実際の行動レベルまで分解

先輩　「今、君が抱えている『やらなければいけないこと』はどのぐらいあるんだい？」

私　「まずは毎日の集金です。それに定期預金の勧誘、融資先へのフォロー、それから新規開拓のためのチラシ配り、婦人会旅行の案内、若手経営者勉強会の企画、それから…」

先輩　「たくさんの仕事を抱えていることはよく分かった。でも、同じような仕事を僕もやっているんだが、うまくこなせているよ。なぜだか分かるかい？」

私　「分かりません」

先輩　「やるべきことをきちんと整理しているからだよ」

私　「どういうことですか？」

先輩　「君が今言ったようなことは全部、〝しなくてはいけないこと〟だよね。それを実際の行動レベルまで分解できていないから、混乱して何から手をつけていいか分からないんだよ。例えば、毎日の集金については『集金日一覧表』を作っているかい?」

私「作っていません」

先輩「それじゃあ、いつどこに集金に行くのかを、どのタイミングで決めているんだい?」

私「早いときで1週間前、遅いときは当日っていうことも…」

先輩「だから毎日、訪問予定表を書くときに時間がかかってしまうんだ。集金日一覧表を作っておけば、それを訪問予定表の当該の日に転記するだけで予定がはっきりするよ。それに、一覧表を見れば分かると思うけど、集金が集中している日がある。それをほかの日に分散することができれば、仕事に追われることも減るだろう。頼めるお客さんに『早めに集金させていただいてもよろしいですか』と電話するだけで、集金業務をコントロールできるよ」

私「そんな都合よくいくんですか?」

先輩「やる前から否定的になってどうするんだ。とりあえず『集金日一覧表』を作ってみなさい。少なくとも今の状況よりは必ず良くなるから」

「顧客訪問予定一覧表」で1カ月の行動を把握

実際に「集金日一覧表」を作ってみると、繁忙日と閑散日が如実に見えてきました。

そこで、自分なりに「集金日一覧表」をアレンジし、定期預金の満期日もそこに書き込むようにしました。それも、単に満期日を書き込むのではなく、満期日の1カ月前、2週間前、3日前にそのお客様を訪問するように予定を書き入れることにしました。

それまでは、満期日の1週間前に一度お客様を訪問して定期預金の継続のお願いをしていたのですが、やはりそれだけではお客様との信頼関係が構築できないため、定期預金の継続率が下がり気味になっていました。

そこで、満期前に少なくとも3回はお客様のところを訪問するように決めたのです。会う回数を増やしたことでお客様から親近感を持ってもらえ、定期預金の継続率が上がったと同時に、他行庫の定期預金も預けてもらえるようになりました。訪問回数を増やしたら、それだけの成果がついてきたのです。

その成果に自信がつき、さらに工夫を加えました。表の名前を「集金日一覧表」から「顧客訪問予定一覧表」と変え、「集金」「満期管理」だけではなく、「ご機嫌伺いの訪問」「紹介依頼の訪問」「融資フォローの訪問」「情報収集の訪問」についても書き込むようにしていったのです。

毎月この作業を行うだけで、毎日のルーティンワークが大幅に減ることに気付いた私は、毎月3日の午前中を使って顧客訪問予定一覧表を作成することにしました。

この作業により、1カ月間、どう動けば最も効率的になるのかが見えてきましたし、何よりも訪問漏れがなくなることでミスが極端に減少したのです。

また、空き時間も予想できるようになったので、その時間を何に使うか考えるようになりました。すると、これまで「お客様からの依頼が重なり、目の前の仕事をこなすので精一杯」だったのが、「どのように接すればお客様は喜んでくれるのか」を考えられるようになり、より一層、お客様との距離が近づき、成果も上がっていったのです。

「顧客訪問予定一覧表」を作成するのは面倒な作業かもしれませんが、この表を作成することで、自分が「いつ」「何を」すべきなのかを明確に把握することができます。たった半日でできる作業ですから、もしあなたが「仕事に追われているな」と感じているのであれば、月初の半日だけデスクワークの時間を確保して「顧客訪問予定一覧表」を作成してみてください。これだけで成果は必ず上がりますよ。

31

顧客管理を効率化する

Trusted Person

異動になった担当者からの引継ぎなどにより自身の担当先が増え、今まで担当していた重要なお客様への訪問回数が減って、不満を口にされてしまうといったケースは少なくありません。

お客様に不満を感じさせることなく、多くの担当先を効率的に管理していくにはどうすればよいのでしょうか？

数多くの担当先を持っていても、お客様ごとの重要度をきっちり決めているという渉外担当者はあまりいません。

お客様を大きく分けると、特に重要なお客様である「重点訪問先」と、それ以外の「定例訪問先」の2種類に分かれます

「重点訪問先」「定例訪問先」の分け方について、「なんとなく」捉えて、曖昧になって

いる担当者は多いのではないでしょうか。

その結果、重要なお客様に対しぞんざいな対応をし、それほど深い配慮を必要としないお客様に対し何度も訪問するといった、ちぐはぐな対応が見られることになります。

以下では、そういった対応にならないためのノウハウを紹介していきます。

重点訪問先の定義を明確にし、すべてのお客様を分類する

①自分なりの「重点訪問先」の定義付けを行う

「重点訪問先」の定義付けを行うことで、「重点訪問先に対してどのように接していくか」という行動方針がはっきりします。「重点訪問先」の定義例には、以下のようなものがあります。

- 預金量が多い先
- 投資信託購入額が大きい先
- 良質な見込み先
- 総融資額が大きい先

・自行庫の取組みに協力的な先
・取引先会の役員（会長・副会長・幹事長・事務局長等）
・多くのお客様を紹介してくれる先

②すべてのお客様を「定義」に当てはめ、「重点訪問先」「定例訪問先」を決める

①で決めた定義を見ながら現在の取引先リストを見直し、「重点訪問先」「もう少しで重点訪問先」「定例訪問先」「その他」とランク付けを行います。

訪問だけでなく電話や手紙も利用して良好な関係を継続

③「重点訪問先」の行動方針を決める

ランク付けの結果は担当者それぞれでばらつきはありますが、「重点訪問先」はお客様全体の2割程度に落ち着くことが多いため（パレートの法則：「ビジネスにおいて、売上の8割は全顧客の2割が生み出している」という法則）、その2割に対する行動方針を決定します。

例えば、担当先が２００先あった場合、「重点訪問先」は40から50程度になるため、各先に対する行動方針を決めることは十分可能です。行動方針は、以下のような例が挙げられます。

【行動方針の例】

- **週に1回訪問**
- **月に2回訪問**
- **月に1回訪問し、週1回電話連絡**
- **毎月手紙を送付**
- **半年に一度お土産を持って訪問**

接触頻度を重要視する先であれば頻繁に訪問する必要がありますが、「相手との良好な関係を継続する」ことが目的の場合は、訪問する以外にも方法はあります。電話や手紙、絵はがきなどを利用して、訪問しなくても「関係性を存続させる」ことはできます。こうした工夫をすれば、担当件数が増えても「重点訪問先」と良い関係を継続することができます。

④「もう少しで重点訪問先」には、意識してアプローチ

「重点訪問先」へのケアよりも重要なのは、「もう少しで重点訪問先」へのアプローチです。「もう少しで重点訪問先」は「重点訪問先」に成長するはずの先であり、今後の成果につながる先です。

「もう少しで重点訪問先」が、なかなか「重点訪問先」に成長しない場合は、そもそもの「ランク付け」が間違っていたか、もしくは「ランク決定後のケア」に問題があったと考えられます。

重要な見込み先であるからこそ、より強く意識してアプローチをすることが重要なのです。

ランクと行動方針は3カ月に一度見直す

⑤定期的に「重点訪問先」と「行動方針」を見直す

一度「重点訪問先」「定例訪問先」と分類しても、時間の経過や取引内容の変更に伴い、その分類は絶えず変わっていきます。取引が成長すれば、「定例訪問先」から「も

う少しで重点訪問先」というようにランクが変わります。

しかし、見直しをしなければランクが変わらず、「行動方針」も「定例訪問先」に対するものとなるため、そこからランクアップさせることが難しくなります。3カ月に一度は定期的にランクと行動方針の見直しを行いましょう。

⑥日々の「訪問目的」の明確化

「重点訪問先」「もう少しで重点訪問先」「定例訪問先」「その他」のどのランクの先に対しても、必ず継続的に訪問しなくてはなりません。

その際には、「今日は何のために訪問するのか」という目的を明確にしておかなければ、訪問そのものが無駄になります。あらかじめ「訪問目的」をはっきりと認識することで、無駄のない渉外活動が可能となります。

32

訪問の目的を事前に伝える

Trusted Person

前日に確認の電話をして無駄な訪問を減らす

訪問件数が稼げないもう1つの原因に、「無駄な訪問が多いこと」が挙げられます。

「社長が外出していて無駄足になってしまった」という話は本当によく聞きますが、訪問時に次回訪問のアポイントをとり、そのうえで、訪問予定日の前日にその確認をするだけで無駄足になるのを避けることができます。訪問時の「次は○日に訪問させていただきます」という一言と、「明日は予定どおり、△時にお伺いさせていただいてもよろしいですか?」という前日の電話だけで、訪問の無駄をなくすことができるのです。

「あらかじめアポをとっているのに、前日に確認の電話をするなんて、それこそ無駄な行為なのではないのだろうか? もし予定が変わったのなら先方から連絡が来るだろう」と思っていては無駄を減らすことはできません。

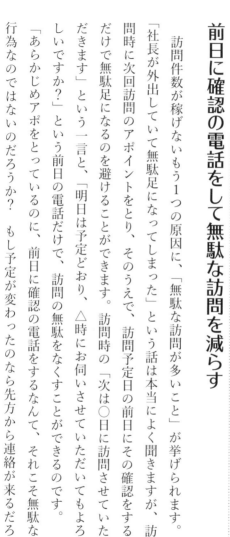

先方がアポを忘れていたり、予定が変わったのを連絡し忘れていたりすることは少なくありません。相手が約束を忘れていて留守だったことを指摘すれば、お互いに嫌な気持ちになってしまうでしょう。こういったことを避けるためにも、前日のアポの確認電話はとても重要となるのです。

そして実は、1日の訪問を効率的・効果的にするために行っておきたいこともあります。それは、訪問する前に、その日の訪問目的を再確認し、訪問先のお客様に伝えるということです。

私は成績最下位時代に、上司や先輩によく怒られていました。強い口調で名前を呼ばれたときは「怒られるんだな」と覚悟ができているのですが、「ちょっといいか？」と声をかけられ、応接室に連れて行かれたときには、その時点では呼び出された意図が分からず不安に思いました。

これは、お客様にとっても同じことがいえます。渉外担当者が来たのは、新たな商品の説明のためなのか、預金のお願いなのか、それとも単なる世間話をしに来たのかが分からないままでは、相手は不安になるばかりです。

しかし、「成果を上げなければ」と追い詰められている渉外担当者には、相手の不安な気持ちに目を向ける余裕がありません。安心して面談に臨んでもらうためには、まずは以下に挙げるように訪問した目的を話す必要があります。

・「今日は新しい融資商品が出たので説明だけでもさせてください」

・「今日は今後の融資をうまく進めていくための準備として、先月の業務の状況を教えていただけないかと思っています」

・「今日は、社長が私たちに何を望んでいるのか、徹底的にお聞かせいただけませんでしょうか。その内容を基に、御社に何か貢献できることはないか探してきたいと思っています」

・「今日は集金に伺わせていただきましたが、そのあと、少しだけ婦人会旅行についての話を聞いていただけませんでしょうか」

訪問の目的を伝えずに話を切り出しても、相手は不安に思い警戒してしまいます。そればかりか、訳も分からないままいろいろと話を聞かされると「いい加減にしてくれ！」という思いが強くなり、話を聞く耳を持たなくなってしまいます。

効果を上げるためにも訪問目的の明確化は不可欠

何をするにも、目的を明確にしなければ物事は効率的に運びません。しかし一方で、こちらの目的とお客様の目的を合致させることができたら、お互い満足して物事を進めていくことができます。

そのためには、お客様のもとを訪問する直前に、訪問目的を自分自身に問いかけてみましょう。自分自身が面談目的をきちんと把握していないのに、相手に対してそれを明確に伝えることなどできるはずもありません。

「誰に」「何を」「なぜ」「どのように」話をするのかを意識する習慣をつけることで、思考が「目的思考」になり、お客様の前でも常に目的を明確にした面談ができるようになります。

また、事前に訪問の目的を明確に伝えることで、一回の面談の効果が高まります。今までと同じ訪問回数でも、内容の濃い話をすることができます。つまりは、面談の回数を減らしても今まで以上の効果を上げられることが可能になるのです。

信頼関係の構築も面談効果を高める

面談効果を高めるためには、前述したように、訪問の目的を事前に伝えることも重要ですが、加えてお客様との信頼関係を築くことも必要不可欠です。

信頼関係を築くためには、以下の4つを意識してください。

①正直・誠実な態度でいること

ビジネスマンとして当たり前のことですが、改めて、次のチェックポイントを確認してみてください。

「約束を守れているか」「言葉遣いを気にしているか」「誠実な態度をとれているか」「誠意を持って接しているか」「相手を尊敬する心を持っているか」——これらは意外と忘れがちです。訪問する直前に、自分に問いかけてみてください。

②相手の話をよく聞くこと

事前に意識するのが①ならば、面談中に意識するのがこの点です。チェックポイントは「しっかりと相手の話を聞いているか」「自分ばかり話していないか」「相手の気持ち・事実・状況を理解しているか」という点です。

③コンタクト回数を意識すること

会う回数が増えるほど、相手に対する「好意度」はそれに比例して高まります。「最初は気が合わないかと思っていたが、何度も会っていると意外と気が合った」ということはよくある話です。

意識してコンタクト回数を増やすことで、信頼関係が醸成されます。何も、直接会うだけがコンタクトではありません。電話や手紙・はがきなどを使っても、同じようなコンタクト効果を出すことができます。

④相手のことを大事に思うこと

人間は、考えていることが自然と態度に出ます。相手のことを軽んじているようであれば、態度や仕草によって見抜かれてしまいます。

逆に、面談相手のことを「この人（会社）は、今は成果を十分に出せていないが、将来素晴らしい成果を残せる可能性がある」と思っていると、「それをサポートしよう」という思いが自分の中で育ってきます。そして、相手のことを大事に思うことにより、それが態度に表れてくるのです。

訪問目的を明確にし、かつ、ここまで挙げた4つのポイントを意識してお客様との信頼関係を構築することが、効率的で効果的な訪問活動の実現につながるのです。

第7章 昨日より成長した自分になるために

こんな行動をしていませんか？

安藤くん 未来工業の
新規融資をよく取れたな
すごいじゃないか！
ありがとうございます
皆さんの担当先の社長から
新規先をご紹介いただいたり
商工会に顔を出すことで
うまくいきました
同期入行の安藤は
成績を残せているのに
私はまだ…
でも 私は私のやり方で
彼を超えてみせる！
負けないぞ！
ハハハ…
よし！ 今日も
片っ端から訪問だ！
ダッ
どうでしょう
今はいいよ
ぜひ当行で
間にあってます

ずいぶん
落ち込んでいるな
そんなことないよ
君に負けないように
私なりのやり方で
頑張ってるよ
う～ん
その自分のやり方に
こだわるのが
いけないんじゃないかな
え?
時には人のマネも
必要じゃないかな?
え? でも…

33

成功者の真似をする

Trusted Person

みなさんは、成長の早い渉外担当者とそうではない渉外担当者の違いが分かりますか?

実はその違いは「人の真似がうまいかどうか」にあります。優秀な渉外担当者は、他者の良いところをいち早く見抜いて、そのノウハウをうまく取り込み、それを「進化」させて自分のものにすることに長けています。

私はいま、多くの渉外担当者に渉外活動についての指導をしていますが、その中で気付いたことは、仕事ができない人に限って「人の真似」を嫌がる傾向にあるということです。プライドが邪魔してしまうのだと思いますが、かといってオリジナルの営業スタイルも持っておらず、いきあたりばったりの人が少なくありません。実は、私もそうでした。

第2章で、私が渉外担当者になってすぐ、「新規先1000件飛び込み訪問」を命じられた話を紹介しました。渉外経験がほとんどない中、いきなり飛び込み訪問を指示されても、右往左往するばかりで、当然成果は上がりませんでした。

一方、同時期に渉外担当者としてデビューした同僚も、同じように飛び込み訪問を行っていました。彼は、多くはありませんでしたが、着実に成果を上げていました。

私が、確立していない自分のスタイルにこだわって試行錯誤していたのに対し、同僚は新規訪問をしている先輩に付いていき、使えるノウハウを見つけ出し、それを使っていたのです。

私と同僚との差はどんどん広がっていきます。その結果を目の当たりにして、私は初めて、自分のこだわりを捨て「成功者の真似」をする重要性を知りました。

成果を上げる人の「守破離」とは?

「守破離」という言葉を聞いたことがありますか?

「能」を育てた観阿弥が『風姿花伝』の中で展開した芸能論の一部が原典になり、その後千利休らによって広まったと言われる、茶道や武道で使われる言葉です。

これは、その道を極めるための成長段階を示した言葉で、物事の成長は、守・破・離の3つの段階に分けられるという考え方です。

- **「守」**…師からの教えを忠実に学び、型や作法、知識の基本を習得する第一段階
- **「破」**…経験と鍛錬を重ね、師の教えを土台としながらも、それを打ち破るように自分なりの真意を会得する第二段階
- **「離」**…これまで教わった型や知識に一切捉われることなく、思いのままに至芸の境地に飛躍する第三段階

これを営業活動に当てはめると、「守」は、成功している人の良いところを真似ること、「破」は、それが身に付けば、やりやすいように自分なりのアレンジをすること、「離」は、最終的に自分の営業スタイルを確立すること、となります。

実際、成果を上げている渉外担当者の多くは、この「真似」と「進化」の繰り返しで成功しています。

私もはじめは、「何を真似るべきか」を見抜くノウハウがありませんでした。その問題を解決するために、「何を真似るべきなのかチェックリスト」（**図表3**参照）を作成し、

図表3　何を真似るべきなのかチェックリスト

記入例①

見るべき項目	成功者のやり方	自分のやり方	真似るためには?
商品説明方法	ポイントを3つに絞って顧客メリットを説明	顧客メリットをあまり説明せず商品機能のみを説明	・商品メリットをまとめる ・説明すべきポイントを考える
ニーズの聞き方	あらかじめ聞くべき質問を用意している	話の流れで見つけようとしている	質問パターンをいくつか用意しておく
口調	ソフトで落ち着いている	早口であわてている	ゆっくり話すよう意識する
ツール	分かりやすい独自商品説明資料を作っている	会社が用意しているパンフレットのみ	・資料をコピーさせてもらう ・独自資料を作る
話題	相手の話題に合わせて臨機応変	自分の得意な話題のみ	日経新聞を毎日キチンと読む

記入例②

見るべき項目	成功者のやり方	自分のやり方	真似るためには?
商品説明方法	・専門用語を全く使わない ・リスクをまず説明	専門用語を駆使して、メリットばかりを強調	・専門用語を分かりやすく説明できるセールストークを準備する ・成功者のリスクトークをそのまま真似る
ニーズの聞き方	アンケートを準備	そもそもニーズを聞いていない	アンケート用紙をコピーさせてもらう
口調	アピールすべきところとそうでないところについて、メリハリがある	メリハリがなく平坦	セールストークをいくつか用意し、事前に練習しておく
ツール	・独自名刺 ・自己紹介ツール	商品紹介パンフ	自己紹介ツールを独自制作する
話題	日経流通新聞・日刊工業新聞からの話題提供	日経新聞のみからの情報で話を合わせる	専門誌もできる限り読むようにする

「真似るべきポイント」を明確にしました。

そして、この「何を真似るべきなのかチェックリスト」を持ったうえで、成果を上げている先輩の営業に付いていき、帰店後、そのチェックリストについてディスカッションを続けたのです。

初めて営業を回ったときに、先輩からこのチェックリストの前身であるフォーマットをもらっていたのですが、余計なプライドがあり、自分のやり方に固執してしまっていました。

しかし、新人が我流で営業をやってもうまくいくはずがありません。失敗して頭をぶつけて、初めてそのフォーマットを利用したところ、「これだけあるのか！」というほど真似すべきポイントが見つかりました。

一度に全部は吸収できませんが、1つひとつ順番にこなしていくうちに、営業成績はだんだんと上がっていきました。

自分なりのチェックリストを作成しよう

「何を真似るべきなのかチェックリスト」を作成するうえでの留意点は、できるだけ具体的に書くことです。先輩や上司の行動のどんな点が良いのか、「何を」「どのように」真似すべきかを細かく書いてください。

〈チェックリスト作成手順〉

①「見るべき項目」の欄に、「真似すべきだと考えること」を書き込む
②各渉外担当者の「見るべき項目」欄をお互いに見せ合い、基本的なチェック項目を決定
③同行訪問した際、新たに気付いた「見るべき項目」があれば、その都度項目を書き足していく
④帰店後、「成功者のやり方」欄に真似すべき成功事例を書き込む
⑤「自分のやり方」欄に、実際に自分が行っている方法を書き込む
⑥「真似るためには?」欄に、「成功者のやり方」を自分のものにするためにはどうす

べきかを書き込む

⑦グループで、各渉外担当者の完成したチェックリストを見せ合って参考にし、各自、自分なりの「何を真似るべきなのかチェックリスト」を完成させる

「真似ること」は、一番効率のいい営業手法です。各渉外担当者なりの「守破離」が完成すれば、必ず成果は上がります。ぜひお試しください。

34

「営業スキル」に関する知識を身につける

渉外担当者に求められる能力には、「知識力」「行動力」「コミュニケーション力」「貢献意欲」の4つがあります。そしてその中で、まず身につけるべきは、すべての基本となる「知識力」です。

渉外活動を行っていくうえで必要とされる知識は、決して少なくありません。商品に対する専門知識や、法務・財務を含む融資に関する知識も必要です。

しかし、何といっても必要なのは「営業スキル」に関する知識でしょう。営業に関するスキル・ノウハウを身につけ、大きな成果を出そうとするならば熟練が必要となりますが、小さな成果であればすぐに表れます。渉外活動にはセオリーがあるのです。

そういった「営業スキル」に関する知識を身につけるためには、いくつか方法があります。

一冊の営業本の内容を忠実に実行する

①本を読む

書店に行けば、営業に関する本がたくさん並んでいます。その中から「効果的な本」を探すことは難しいように思えますが、決してそんなことはありません。

市販されているどのような営業本（一部の例外を除く）でも、必ず役に立ちます。中には偏った考え方で書かれている本も存在しますが、そのような本は、読めば「これは違う」とすぐに分かります。

多くの営業本は、基本的な内容が重複しています。表現方法や事例の見せ方が異なっているだけなのです。

大事なことは、1冊本を選び、その本に書いてある内容を忠実に行うこと。せっかく読んでも、それを行動に移さなければ成果にはつながりません。

セミナーに参加することで新しい人脈を構築できる

本を読んだだけではノウハウを活用できないという方には、セミナーの受講をおすすめします。

②セミナーや研修に参加する

目から入った情報は、なかなかイメージしづらいことがありますが、耳から入った情報はイメージしやすく、納得感があります。

セミナーは、スキルやテクニックを学ぶ場、視点を変える場、インスピレーションを得る場として、いろいろなことを同時に提供してくれます。

金融機関の行職員は、自行庫の本部が開催するセミナーや研修に参加することはありますが、自ら外部のセミナーや研修に申し込む人はあまりいません。

自ら受講料を負担し外部のセミナーや研修に参加することで、真剣に取り組む気持ちも増しますし、新しい人脈も構築できます。

セミナーや研修は、参加しやすい受講料のものから高額なものまでありますが、はじめはそれほど高額のものに参加する必要はありません。商工会議所が行っているセミナーや研修などはリーズナブルな価格になっています。

自分で探し、身銭を切って参加することで得られるものも多いと思います。

インプットとアウトプットを繰り返し、得た知識を応用する

本やセミナー・研修で知識やノウハウを身につけても、それらを実際に使えるものにしなければ意味がありません。

そのために重要なのが、インプットとアウトプットを繰り返すことです。

インプットするばかりでは、身につけた知識やノウハウを応用できませんし、広がりもありません。

また、アウトプットばかりしていると「自分は何をすればいいのか」というネタが枯渇してしまいます。

身につけた知識・ノウハウをブラッシュアップするために行ってほしいことは以下のとおりです。

①身につけた知識・ノウハウについて、深く「**考える**」
②考えた内容を「**書く**」【アウトプット】
③書き出したものを「**見る**」【インプット】
④見たものを他人に「**話す**」（説明する）【アウトプット】
⑤相手の話を「**聞く**」（フィードバックをもらう）【インプット】
⑥聞いた内容を「**書く**」【アウトプット】
⑦書いたものを「**見る**」【インプット】
⑧書いたものを見て、それを参考に改めて「**考える**」…（**図表4**参照）

このように「インプット―アウトプット スパイラル」を繰り返すことで、身につけた知識やノウハウはどんどん高まってきますし、アイデアは枯れることなく出てくるようになります。

〈インプット―アウトプットスパイラルの例〉
①事業計画書の内容を考える
②考えた内容を文章にする【アウトプット】

③書き出した内容を見る【インプット】
④書き出した内容を他人に説明する【アウトプット】
⑤相手から感想やアドバイスを聞く（フィードバックをもらう）【インプット】
⑥もらったフィードバックをメモする【アウトプット】
⑦メモを読む【インプット】
⑧読んだメモの内容を踏まえ、更にブラッシュアップする
⑨ブラッシュアップした事業計画書を書き直す【アウトプット】

何度も繰り返すことで、事業計画書の内容はどんどんブラッシュアップされ、

図表4　インプット―アウトプットスパイラル図

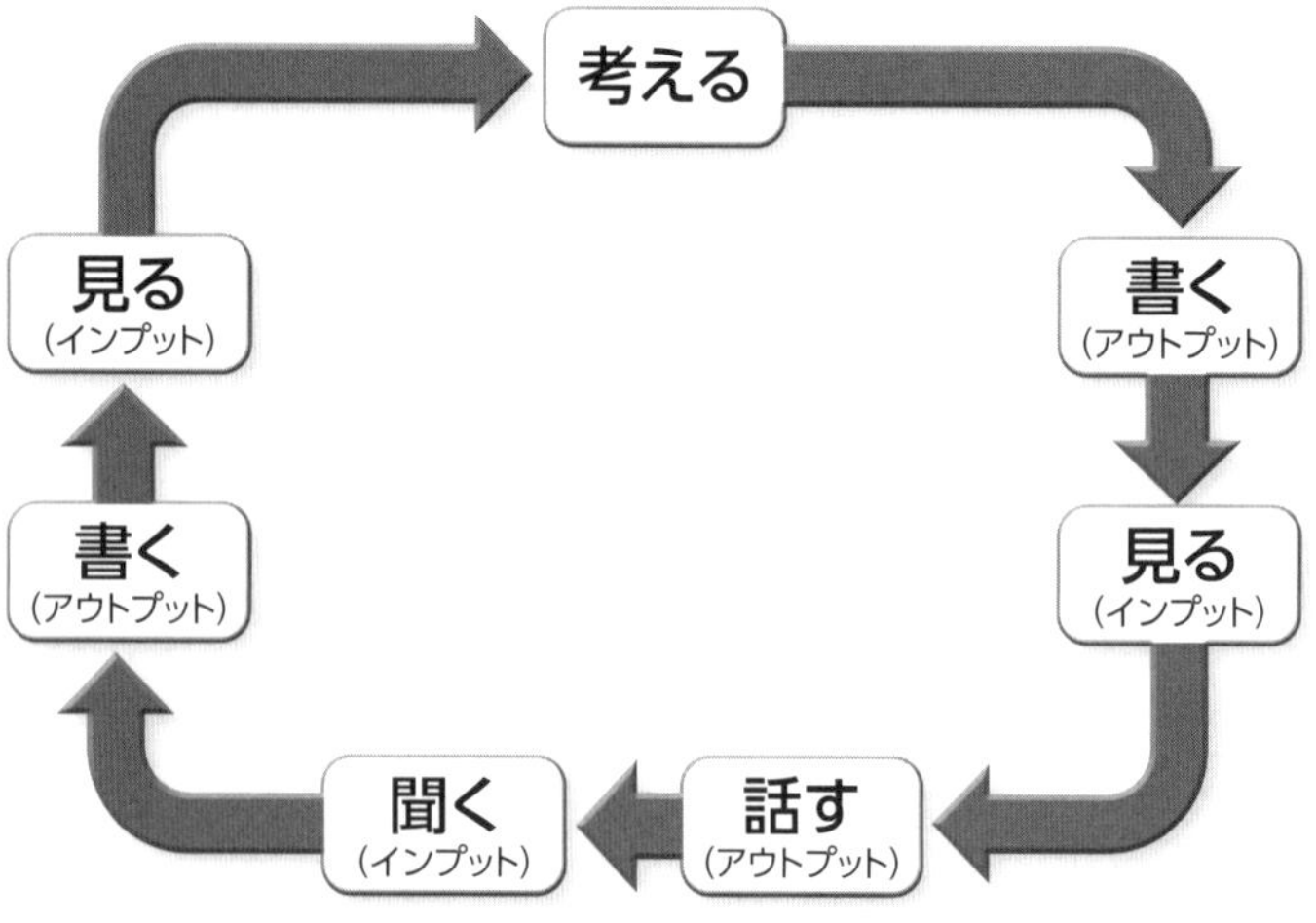

より実現可能性の高い事業計画書へと進化していきます。

35

モチベーションを高く保つ

毎日、ノルマや仕事に追われてクタクタ。モチベーションを高めて仕事に臨みたいと思っていても、忙しい日が続くと仕事に対するやる気がだんだん下がってしまう——。そんな人は少なくないでしょう。

モチベーションを高く保つにはいくつかの方法があります。どの方法で効果が上がるかは人により違いますが、自分に合いそうな方法をぜひ試してみてください。

プライベートの「したいことリスト」を作る

仕事に追われていると、どうしても仕事中心の生活になってきます。平日は遅くまで働き、休日は少しでも体を休めるために、一日中ゴロゴロしてしまう——これでは生活にメリハリがつきません。

休日にゴロゴロしてしまうのは、プライベートでの明確な目標がないからです。プライベートでも「何かしたい」と思えば、時間を調節して何とか時間を捻出するはずです。例えば、好きなアーティストのライブのチケットを手に入れたときには、何としてでもそのライブに行くためにスケジュールを調整しますよね。そしてライブを見た後は、かなりストレスが解消しているでしょう。体を休ませることができなくても、精神的にリフレッシュできるので、仕事に対するやる気も戻ってきます。

モチベーションの低下は、肉体的な疲れよりも精神的な疲れに影響されることが少なくありません。だからこそ、プライベートを大事にすることが重要なのです。そのためにも「プライベートでの目標＝したいこと」をリストにして、意識しておくことが必要です。

ちなみに私の「2021年のしたいことリスト」は、以下のとおりです（参考になるかは分かりませんが…）。

①体重を3キロ落とす
②年6回は映画・演劇・舞台・ライブ・スポーツ観戦に行く
③落語を1席覚え、お披露目会を行う

④3泊以上の旅行をする
⑤スキューバダイビングに3回以上行く
⑥休肝日を月に8日以上作る
⑦完全休養日を月4日以上作る

すべての目標を達成できているわけではありませんが、これらを常に意識することで、プライベートの優先順位が高まります。仕事や休息の時間を削っているように見えますが、逆にメリハリがつき普段の仕事にもモチベーション高く臨めます。

まずは5〜10項目の「プライベートでの目標＝したいことリスト」を作ってみてください。

目標について定期的に話をする相手を見つける

次に、仕事上の目標でもプライベートの目標でもどちらでもいいので、その目標について話ができる相手を見つけて、定期的にその話をしてください。

自分一人で目標を追いかけていても、うまくいかないことが少なくありません。そんなときに、目標について話をする相手がいるのといないのとでは大違いです。自分の現状を相手に話すだけで気分転換になりますし、会話の中から目標達成に対するアイデアや気付きを手に入れることもできます。相手からアドバイスをもらえることもあるでしょう。

一人で考えていると、どうしても思考が堂々巡りしてしまい、暗い方向に向かってしまいます。「話すこと＝発散」と考え、いろいろな人とコミュニケーションをとってみましょう。前向きな話をしているだけでもリフレッシュできます。

社外の勉強会に参加して新しい考え方や視点に接する

私はよく、外部で行われる勉強会に参加します。そういった勉強会に自主的に参加している方々はとてもモチベーションが高いです。

モチベーションの高い人の話を聞いているだけで、自分のモチベーションも引き上げられます。

「自分を磨きたい、磨かねばならない」という人が多くいる場所に身を置くと、「自分も頑張ろう」という気が起こります。そして社内の勉強会よりも、社外で参加する勉強会のほうが、効果は顕著です。

金融機関に勤めていると、社外の勉強会に参加するのは時間的にも体力的にも難しいと思います。「金融機関の常識は世間の非常識」という言葉もありますが、あえて時間を捻出し、そういった勉強会に参加することで、今までと違った視点や考え方に接することができますし、違ったものの見方や考え方を手に入れられます。今までとまったく違う人脈を手に入れることもできます。

モチベーションを高く保つためには、多くの人とコミュニケーションを積極的にとっていくことが不可欠です。社内・社外の人たちと積極的にコミュニケーションをとる場を増やし、今までよりもプライベートに意識を向けることで、必ずモチベーションは高まります。

●さいごに

「いま、金融機関の真価が問われている」

2020年、新型コロナの影響で、多くの中小企業は、資金繰りに支障をきたしました。

私が経営する株式会社ネクストフェイズと、運営している一般社団法人融資コンサルタント協会では、そういった中小企業の経営者に対して、ブログやメールマガジンで「新型コロナウイルスの影響下の資金繰り支援策」について多くの情報発信を行いました。

それらの情報を見た資金繰りに困っている企業からの相談や問い合わせが、3カ月以上もの間、毎日20件以上ありました。

その多くは「日本政策金融公庫に融資を申し込んでも、すぐに貸してもらえない」「懇意にしている金融機関がなく、民間金融機関からどうやって借りればよいか分からない」「運転資金を借りたいけれど、思うように貸してもらえない」というものでした。「金融機関難民」といわれるような中小企業がたくさん出てきたのです。その状況は、2021年2月現在、いまだに続いています。

こうした状況の中、金融機関の担当者こそが、その真価を発揮するべきではないでしょうか。

金融機関難民となった中小企業が、頼るべき相手は「地元の金融機関」しかありません。平時には各企業も自力でなんとかできるかもしれませんが、こうした非常時には「何をすればよいのか」が分からないからです。金融機関が企業に対して、積極的に先導する役割を果たす必要があります。

金融機関の担当者として、具体的に果たすべき役割は「①資金繰りを改善する情報の提供」「②具体的なサポート」「③専門家との連携」の3つです。

①資金繰りを改善する情報の提供

国や地方自治体が、苦境に陥っている企業の資金繰りを立て直すために、「制度融資」や「給付金・協力金」といった多くの支援策を提供しています。

しかし、あまりにも情報が多すぎて、どれを利用すればいいのかが分かりにくくなっています。そこで、支援策の情報を集めて交通整理をし、企業の状況を見極めたうえで利用できる支援策の優先順位を伝えることにより、企業は素早く、効果の高い資金繰り改善策に着手することができます。

②具体的なサポート

個人事業主なら100万円、法人なら200万円支給される「持続化給付金」という支援制度がありました。とても助かる制度ですが、企業によってはその申請に悩んでいる先も少なくありません。

この制度は電子申請が中心ですが、パソコンが苦手な経営者は申請がなかなかできません。そうした経営者に対して、横についてあげて申請をサポートすることで、企業は早期に資金を入手することができます。

融資に関しても、少しでも早く審査を行うためには、提出する資料を充実させることが必要ですが、経営者はどんな資料を準備すれば効果的なのかが分かりません。そういった提出資料に関するアドバイスやフォーマットの提供、その作成のサポートをするだけで、審査のスピードを速めることも可能です。

③専門家との連携

税理士や中小企業診断士といった専門家のところには、苦境に陥った企業から数多くの相談が寄せられています。その相談の多くは融資に関することです。

そこで、地元の専門家とのつながりを密にすることで、専門家に相談している企業の役に立つことができるようになります。

また、専門家に間に入ってもらい、融資に必要な資料作成のサポートをしてもらうことで、融資をスピーディに運ぶことができます。

専門家とのネットワークを作っておけば、今後いろいろな面で相乗効果を発揮することができるようにもなります。

専門家も、いまは特に金融機関とのパイプを持ちたがっているので、士業やコンサルタントの事務所に積極的に訪問するというのは助かる行動なのです。

このような非常事態だからこそ、中小企業に対して、金融機関の担当者が大いに貢献できるときだと思います。

金融機関の担当者としての「使命」と「誇り」を持って、多くの中小企業の存続のために力を発揮しようではありませんか。

私は、そのための支援は惜しみません。

もしあなたが、「中小企業の資金繰りを改善できる情報」をいち早く手に入れたいのであればその情報を、「地元の専門家と知り合う機会が欲しい」というのであればそういった場を、「融資に関する能力を高めたい」というのであれば学べる場を、それぞれ無料で提供させていただきます。

具体的に提供できる支援は次の3つです。

（1）週2回のメールマガジンでの情報提供

（２）月１回行っている融資コンサルタント協会の勉強会への招待

（３）【融資に強い士業・コンサルタントになる方法セミナー】への無料招待

これらの提供を希望される方は、下記ＱＲコードからお申し込みください。

全国の金融機関の担当者や士業・コンサルタント等の専門家が一丸となって、日本の中小企業を盛り立てていこうではありませんか。

一般社団法人融資コンサルタント協会　東川　仁

◉ 著者紹介

東川　仁（ひがしかわ・じん）

一般社団法人融資コンサルタント協会　代表理事
株式会社ネクストフェイズ代表
中小企業診断士

関西大学卒業後、13年間勤めていた金融機関の破綻により、多くの取引先が倒産する状況を経験したことから「安定した経営を行うために必要な金融機関との上手なつきあい方をアドバイスする経営コンサルタント」として独立。

金融機関に所属していた当初は、まったくうだつの上がらない渉外担当者で、渉外担当者として1年目のキャンペーンでは200名中最下位という不名誉な記録を残す。そこから心機一転し、試行錯誤を繰り返すことで、1年後のキャンペーンではトップに。成績の上がらない渉外担当者の気持ちを熟知しており、その経験を活かした研修は大きな評価を得ている。

著書に『客は銀行からもらえ！士業・社長・銀行がハッピーになれる営業法』（さくら舎）、『銀行融資を3倍引き出す！小さな会社のアピール力』『最新版　90日で商工会議所からよばれる講師になる方法』『依頼の絶えないコンサル・士業の 仕事につながる人脈術』（ともに同文舘出版）、『士業のための「生き残り」経営術』（KADOKAWA）がある。

信頼される渉外担当者になる極意

2021年４月14日　初版発行

著　者　東川　仁
漫　画　山中こうじ
発行者　楠 真一郎
発行所　株式会社近代セールス社
〒164-8640　東京都中野区新井２-10-11　ヤシマ1804ビル４階
電話：03-6866-7586　FAX：03-6866-7596

装丁・ＤＴＰ　井上　亮
印刷・製本　壮光舎印刷株式会社

ISBN978-4-7650-2304-7